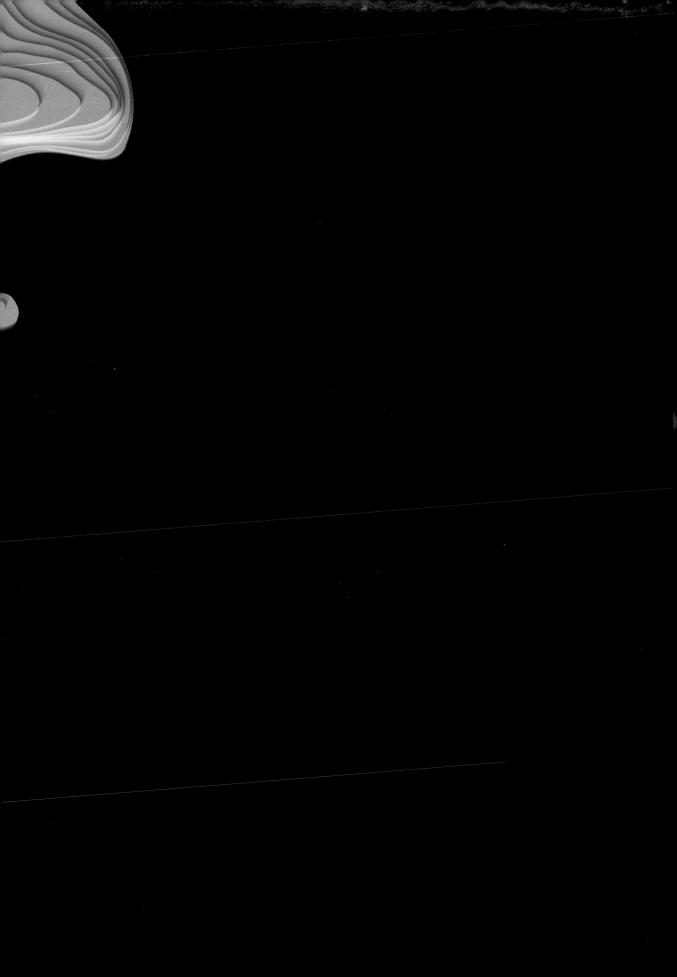

Subterranea
地底世界地圖

Discovering The Earth's Extraordinary Hidden Depths

台灣版序

　　我本來很有自信，以為脖子不必再仰得那麼後面。可是每次，當我覺得自己已經把頭仰得角度夠大，能看見我所在的幽深山谷兩側巨大的懸崖脊線，就會發現——沒有，它還延伸得更遠呢。由於想拿相機將這壯闊景色拍攝下來，我發現自己隨時隨地開著「全景模式」，好捕捉整座峽谷陡峭到簡直不真實的爬升坡度。在頂端，氣勢恢宏的山巔幾乎被低飄的雲朵遮蔽，而底下立霧溪天藍色的溪水寧靜地潺潺奔流，這位掛著溫柔假面具的雕刻家力道之強，持續不斷以溪水雕刻出這一區令人讚嘆的岩石地貌。

　　這是我對太魯閣峽谷難以忘懷的回憶，此處無庸置疑是我探訪過最震懾人心的自然景象之一。這裡的自然世界規模使得人造建設相形見絀，人工打造的橋梁和繁忙的道路順著懸崖，迂迴彎繞地沿峽谷往上。我深受震撼，並且忍不住覺得，我日日煩惱的問題和這座不只是用幾千年、甚至百萬年的跨度在思考的地景相比，該有多微不足道。

　　無庸置疑，我一開始選擇在台灣住4個月，從2013年底住到2014年初（同時也為了去探訪香港的明亮燈火及周遭其他地點），原因之一就是為了得以體驗這樣壯觀的自然景色。我想要有機會探索這座令人讚嘆的島嶼，在這樣一個相對小的陸地中，大放異彩的自然風貌之多元，竟如此無邊無際——從險惡又強烈的海岸線，到溫和卻令人肅然起敬的山脈，可說應有盡有。

　　我以台北內湖為主要活動地點，整個人一頭栽進了台灣社會，為媒體和電台報導種類各異的文化活動，基本上以音樂、藝術和設計為主，同時還有——沒錯，就是平溪天燈節，外加其餘中國新年會有的傳統元素。儘管我耐心一百的中文家教盡了全力，很不幸，這語言我怎麼都說不好。然而隨著時間經過，我和所謂台式生活直接又緊密的連結——尤其是台灣人的極度好客與友善——使我完全拜倒，並且心甘情願當一輩子的台灣宣傳大使。

撰寫《地底世界地圖》這樣一本跨度廣大的書籍，最開心的事就是有機會遍覽全世界，並且全身心沉浸於挖掘世界各地的故事。從最近的事件（大多都還記憶猶新），到存在過去幾千年的傳說，再到人類誕生之時。能有機會學著認識這些迷人場所——不只是世界知名景點，也有些地方是鮮為人知——讓我們得以揭曉，人類對於這顆偉大星球的共同體驗究竟真正的大小有多廣。

紙上談兵先放一邊，針對那些有能力前往遠方旅遊的幸運之人，這種感覺十分類似。旅遊是偏見、頑固及狹窄心胸之大敵，誠如馬克·吐溫明智的觀點：最能拓展心靈地平線的方法，便是和來自截然不同的地方與文化的人攜手同心。去聽他們的故事，去試著瞭解他們以何等獨特的觀點看這世界，然後帶著謙遜捫心自問，思考我們該如何成為更好的地球公民。

我希望這本書至少能帶來一丁點的教育和啟發性質，鼓勵更多人深入瞭解這個美好而遼闊的世界。

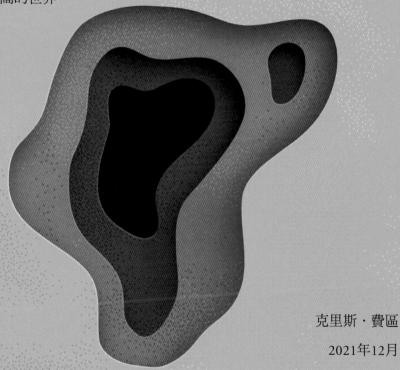

克里斯·費區

2021年12月

PART III：現代歷史

PART IV：今日

引言

　　1691年，一名頭髮及肩的年輕地球物理學家正在向英國皇家學會（Royal Society of London）進行講解，其內容即便是以17世紀突破性的標準而言仍十分驚人。這個科學社群因地球磁場的不可預測性，以及兩極隨時間持續挪移的方式困惑不已。不過，對愛德蒙‧哈雷（Edmond Halley）來說──那顆知名彗星就是以他命名──這個謎題的答案十分簡單：地球裡一定有著許許多多個同中心的內部世界，皆被地心引力隔開。因此，我們所站立的地面只是個約800公里厚的外層，磁場指數之所以出現偏差，是因為這些內部世界不斷移動使然。更甚，他預測這些世界住有生命形式，而且由未知的地底光源照亮。也因此解釋了極光，也就是出現在北極的光芒之存在。

　　哈雷這些理論並非無中生有。他其實是根據千年來對於腳下到底有些什麼的各種推測進行深度研究。古代神話裡，宗教概念對充滿懲罰的死後世界有許多想法，人類持續為幻想出來的地下世界建立各種理論，並時常將之當成上方耀眼天堂的對照面。但丁在他駭人的〈地獄篇〉（Inferno）（《神曲》〔The Divine Comedy〕）中自地獄逃出，且鉅細靡遺、栩栩如生地描繪了一幅令人難忘的地獄景象。但是像哈雷這樣學經歷過人的偉大科學人，更賦予地下世界理論經驗主義層面的真實重量。哈雷對該理論盡心盡力，使得他最

後一幅肖像（1736年，哈雷年屆80）中顯示他抓著一張羊皮紙，上頭清楚描繪這些內部地層圖表。

就哈雷而言，很遺憾地，科學社群沒挪出太多時間給後來以「地球空洞說」（hollow earth）聞名的假說。之後的實驗確立了地球內部顯然已有一定密度，並藉由測量通過上下方覆蓋層的地震波，製成圖例說明（現已廣泛接受我們立足的大陸地殼下有地震波的存在）。沒錯，確實有許許多多個地層，但它們是由液體的岩漿與固體的鐵為主的內地核構成，並沒有史前動物棲息在那些迷你世界中。

然而，沒有任何人類親眼見過地核，或越過覆蓋層看上那麼一眼。世上最深的洞，俄羅斯的科拉超深鑽孔（Kola Superdeep Bore-hole），也只穿透地表、來到12公里的深度，相較地球約6,350公里的半徑不過是一丁點距離。因此，不意外，人們仍在憑空編織栩栩如生的想像，夢想著自己認知中的現實，對幽深神祕的地下世界孵育著無窮理論及荒誕想像。

小說家當然也感到這種可能性從創意方面攪動著他們的想像力，亦即我們的世界下方還有新世界，致使它從本質上進化出屬於自己的類型。其中最知名的也許正是儒勒・凡爾納（Jules Verne）和他的經典冒險作品《地心歷險記》（*Journey to the Centre of the Earth*），那裡有可怕的怪物在巨大的地下海洋中爭鬥，至死方休。然而地下世界恍若贈禮，源源不絕地提供著靈感，從愛德加・萊斯・巴勒斯（Edgar Rice Burroughs）的《地球空洞說》（*Pellucidar*），到愛麗絲一頭栽下兔子洞找到的迷幻仙境。陰謀論者也開開心心來參一腳，主張巨大、神祕、更先進的地下世界很可能是有史以來最大掩蓋事件。

當然，在地表世界已被探索、調查、測量、繪製地圖、攝影外加Instagram上傳到內容枯竭的程度，也許地底國度還剩下了些未解之謎──無論是自然開創，或人為打造。認清大多數人一生居住的平

面世界有所極限，自是相當值得。事實上，我們確實生活在一個（至少有）三個維度的世界，倘若我們的本能一向是往上看，那麼，最好的故事有時可能要低下頭才找得到。如果你像剝橘子皮那樣剝開地球表面，悄悄朝底下看一眼，將會看到何等驚人的事物？

在《地底世界地圖》一書中，我們將探索住滿小小盲眼龍寶寶的洞穴，現代大眾交通運輸網絡將揭開我們的城市建立之處的歷史骨架。有些隧道，是為了保護人們免於因衝突衍生出的暴行和恐懼而建立，此外也有些人抱著樂觀心態，將珍貴的寶物儲存在地下空間，為了未知的未來保存起來。從謎般難解的洞穴壁畫，到抵擋核彈的地堡；從會說話的樹，到充滿未來感的地下設施。由古至今，一如哈雷的年代，地底世界能喚起無限想像，又令人敬畏。時機已至，就讓這個詭譎又令人不安的世界的真面目——而且我們可能沒有想像中那麼瞭解它——暴露在陽光下吧。

前頁出現照片：
viii　　猶加敦天然井（參見頁8）
xi　　肖維岩洞（參見頁57）
xii　　洛杉磯隧道（參見頁208）

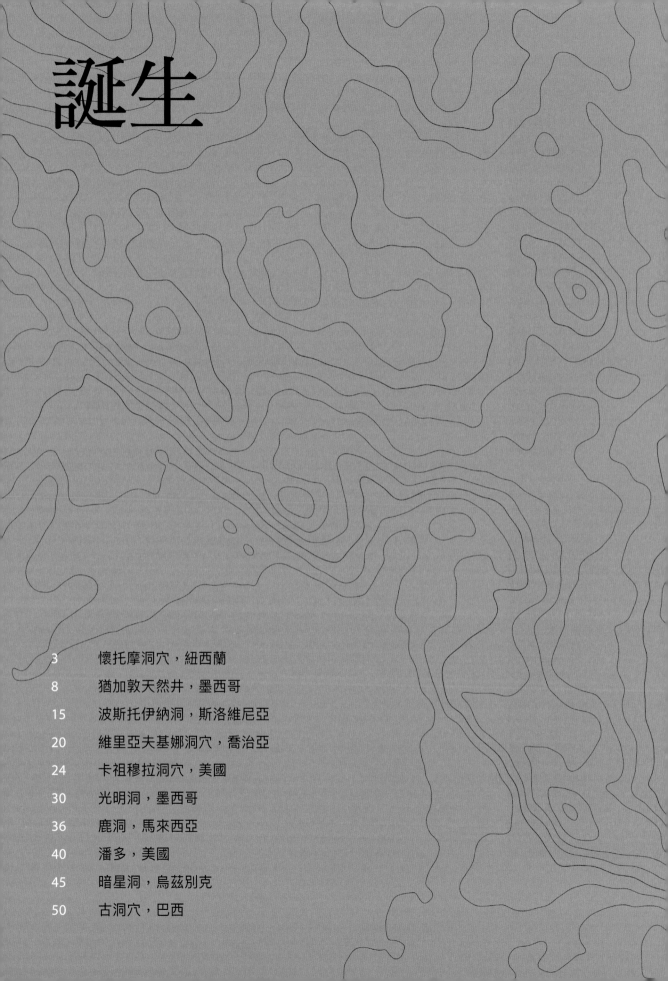

誕生

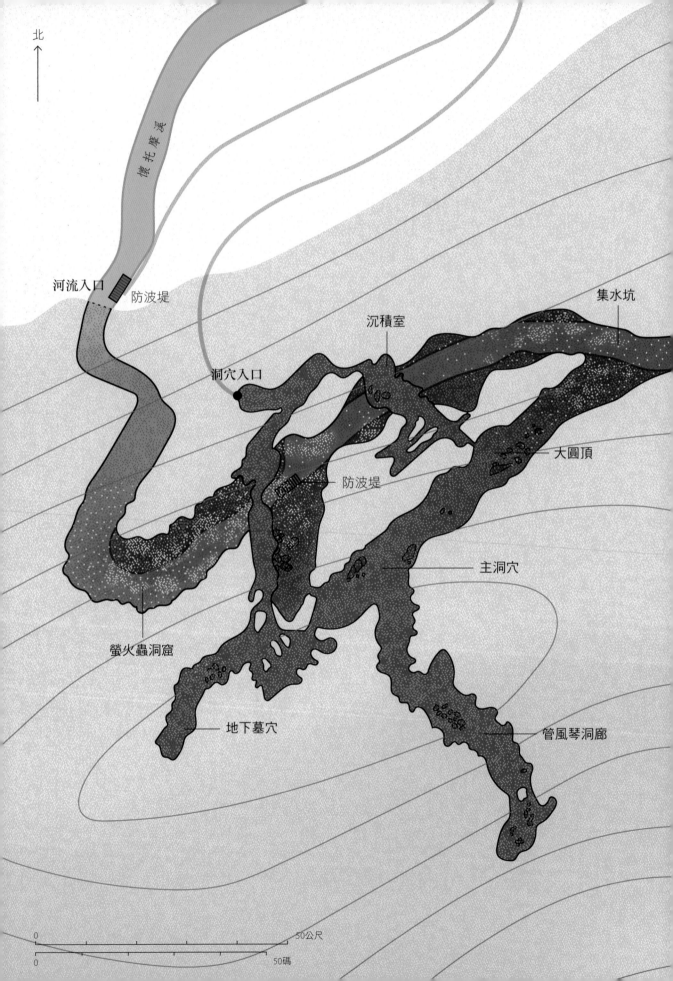

北

懷托摩溪

河流入口　防波堤

集水坑

沉積室

洞穴入口

防波堤

大圓頂

主洞穴

螢火蟲洞窟

地下墓穴

管風琴洞廊

0　　　　　　　　　　　　50公尺

0　　　　　　　　　　　　50碼

懷托摩洞穴
Waitomo Caves

萬隻螢火蟲
聚成簇簇星光

紐西蘭

S 38° 15′ 40″
E 175° 06′ 15″

　　這是一幅令人目眩神迷的壯觀場景，彷彿最富麗堂皇的夜空搬移到了地底，推翻我們對物理學和占星學的理解。地底下的星光布滿洞穴頂部，不知實情的人會覺得，目光所見的小塊光裸部分就像樹篷擋住星光造成的剪影。然而，這股冷光並非來自遙遠繁星，而是來自有機生物。更令人驚奇的是，每個光點都代表著一隻生物的存在——而地球上沒有任何其他地方可以找到這種生物。

　　南太平洋，3千萬年前的遠古海洋生物殘骸在海面下形成層層石灰岩，從這些死去已久的生物之中，又誕生出承載大量甲殼和骸骨化石的岩石。由於地質與火山活動的龐大力量，這些地層開始變形、彎曲。一旦暴露在海面以上的自然力量，便慢慢開始崩解，在石頭裡製造出小小的裂痕和脆弱的區塊。最終，有些裂痕裂得夠大——例如位於現今紐西蘭北島西部區域的那些——足以被稱做洞穴。

　　數世紀來，這些地下空間從未被人接觸，也沒有人類足跡踏入，即使是在西元1200年，第一批毛利開拓者抵達被他們稱為Ao-tearoa（毛利語，意為長白雲之鄉）的地方後。在和這起伏地形一脈相承的山岳河流中，洞穴被視為神聖之地。它們是死者的領土，必須嚴加迴避。對於點綴國內這塊區域約300個洞穴，人們所知的

唯一資訊，就是有許多水道似乎都消失進了地裡，這個區域便因之得名：懷托摩（Waitomo，wai意為「水」，tomo意為「入口」或是「洞」）。

　　無論如何，這些強悍戰士從來不敢冒險進入腳底下那些墨黑深淵。直到19世紀晚期，在歐洲人湧入現在被他們稱為紐西蘭的國度許久之後，才有人決定一窺那些洞穴，看看底下到底有什麼。第一個躍身嘗試的人是英國考察家弗德瑞克‧曼斯（Frederick Mace）。1887年12月，他說服當地酋長塔內‧提諾若（Tane Tinorau）和他一起搭上亞麻桿筏，航行在一條以前從來不必和人類打交道的地下河流，進行一趟冒險旅程。「因為看到筏船十分安全，塔內‧提諾若鼓起勇氣，願意伴我同行。」後來，曼斯在當地的《王國紀事報》（*King Country Chronicle*）中寫道，「我們點亮蠟燭，踏上發現之旅。」

　　光源不足的問題並沒有持續太久，身為有史以來親眼目睹裝飾在洞穴天頂輝煌星空的第一批人，曼斯和提諾若無庸置疑將瞠目結舌。成千上萬細小如針尖的光點，結合成蔓延四壁與天頂等處令人吃驚的一場展示。

　　負責演出這場驚人燈光秀的生物是小真菌蚋（*Arachnocampa luminosa*），咸知的名稱是紐西蘭螢火蟲，每隻身上都帶有藍綠色的小小光芒。這是一種叫真菌蚋的小飛蠅的幼蟲，外表和蚊子相去不遠。奇特的是，這些螢火蟲按晝夜節律運作，發光根據日夜消長更迭。儘管，在牠們短暫的生命中從未真正見過陽光。整整九個月，這道蛆蟲組成的銀河將會延展在整個洞穴天頂，引誘附近昆蟲趨近一探。一旦被誘進來，這些獵物幾乎無一倖免，一定會和螢火蟲製造出來，從上方垂下、又細又黏的上百絲線糾纏在一起。一旦遭到網羅，昆蟲除了等著被飢餓的幼蟲拉上去、活生生吃掉之外，別無選擇。牠們的唯一慰藉也許就是得知，一旦這些蛆蟲化蛹變為成蠅，並不會有口器，因此只能在劇烈繁殖中活

紐西蘭的懷托摩洞穴由成千上萬螢火蟲的光照亮，個個試圖引誘大餐進洞。
→

↑
懷托摩洞穴儡人的內部
狀態是經過3千萬年慢
慢形成的。

上幾天,隨後便迅速餓死。

除了螢火蟲,該洞穴神祕難測的巨大岩層中也擁有豐富的穴居生物,包含鰻魚、甲蟲、蜘蛛及威塔(weta,一種長得像蟋蟀的巨大昆蟲)。下垂的鐘乳石總讓人忍不住想碰觸,然而絕對不能在誘惑面前投降,因為人體皮膚自然分泌的油脂會損壞鐘乳石。有些鐘乳石纖細脆弱,彷彿隨時都會折斷;有些像波浪,或簾幕,或蜂巢,其他則像樹幹那樣粗大結實,例如石灰柱或融化的蠟。有些則像動物乳房上的乳頭,從球形岩底部冒出。

懷托摩洞穴也讓我們能短暫一窺南太平洋這一隅其他特有物種的生態:恐鳥(moa)。這種巨鳥來自平胸鳥家族,外型近似過度發育的鴕鳥,被早期毛利開拓者獵捕到絕種,徒留腐朽殘骸,作為牠們曾經樣貌的唯一證據。而在懷托摩中有非常多這樣的殘骸。恐鳥有個不幸的習慣:跌落地下的洞穴,並在六呎之下英年早逝。開鑿洞穴後發現其中散落了數量可觀的恐鳥骨骸,提供了不少實用的觀點,能得知該物種滅絕於牠們當作唯一家園的島嶼之前的一切。

曼斯和提諾若在接下來數年幾度回到洞穴,該地點迅速成為廣大群眾的觀光景點。早期遊覽時間最高可長達7小時,幸運的參加者通常能獲得一片斷裂的鐘乳石帶回家。然而,導遊到最後總算理解這些岩層再生的速度有多緩慢——約每世紀一立方公分——便迅速停止這種行為。因此,這些暫時訪客只能帶回這座壯觀洞穴的照片,以及地底深處星空絕景的記憶。

猶加敦天然井
Yucatán Cenotes

馬雅地底世界的入口

墨西哥

N 20° 53' 49"
W 89° 14' 20"

馬雅古文明至少存在3千年，馬雅人在中美洲各處建造了超過40座大規模城市，其範圍包含大部分現代墨西哥、瓜地馬拉和貝里斯，人口最高峰時期甚至到約200萬人。他們使用精密的耕作方式，如灌溉系統；發明先進的建築技術，並成功生產出巧克力、橡膠和紙等資源。然而，他們的環境乾旱嚴苛，馬雅社會之所以得以生存——儘管他們一度曾相對先進——全取決於一個巨大的地底水世界，並透過開在地面的上千個洞取得水資源。

這些洞被稱為天然井，時至今日人們仍能看見，主要位於南墨西哥的猶加敦半島。墨西哥最有名的古馬雅地標旁就能找到兩個這種洞穴，該地標正是聯合國世界遺產，契琴伊薩（Chichén Itzá）。單單地名就蘊含了天然井的各種故事，這個字結合了chi（意思為「口」），chen（井），以及Itzá，也就是居住在那裡的部落名稱。「井」一字清楚表達這些天然洞穴何以與居住該處的人息息相關，畢竟這些天然井水是他們唯一的飲用水來源。猶加敦所有令人印象深刻的馬雅城市旁，至少都會有一座天然井，可說是他們最珍貴的資源。倘若沒有天然井，馬雅文明很可能在開始之前就緩緩止步。

但是這些地上的洞、這些散布在坑坑巴巴表面的窪，還有著更邪惡的目的。傳統上，它們被用來獻祭給雨神，也就是恰克（Chac，有時也拼為Chaac或Chaahk），雕像的外貌常生有巨大

馬雅人十分清楚墨西哥的天然井中儲藏著大量乾淨地下水源。
→

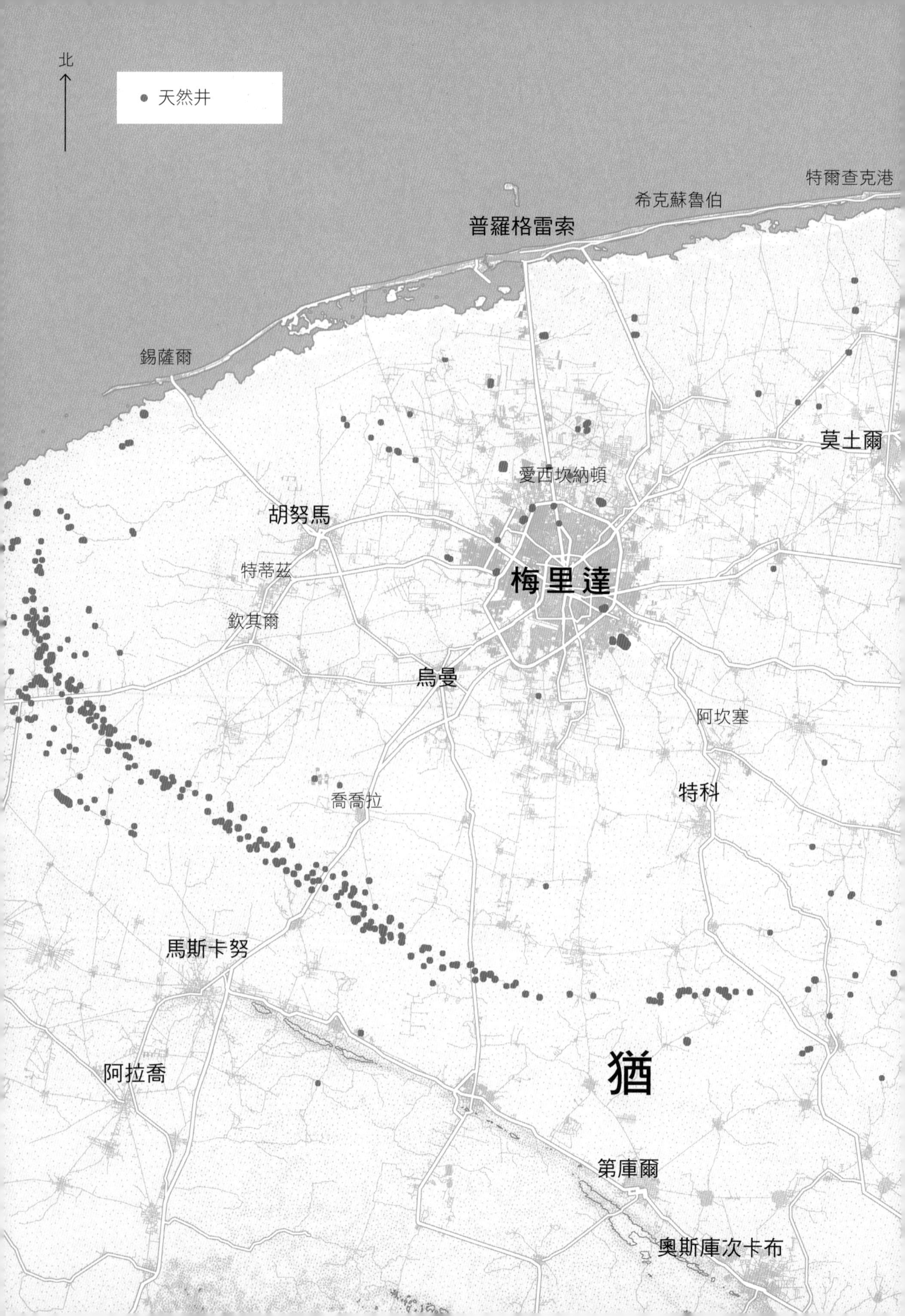

北

● 天然井

錫薩爾

普羅格雷索

希克蘇魯伯

特爾查克港

莫土爾

胡努馬

愛西坎納頓

特蒂茲

梅里達

欽其爾

烏曼

阿坎塞

喬喬拉

特科

馬斯卡努

猶

阿拉喬

第庫爾

奧斯庫次卡布

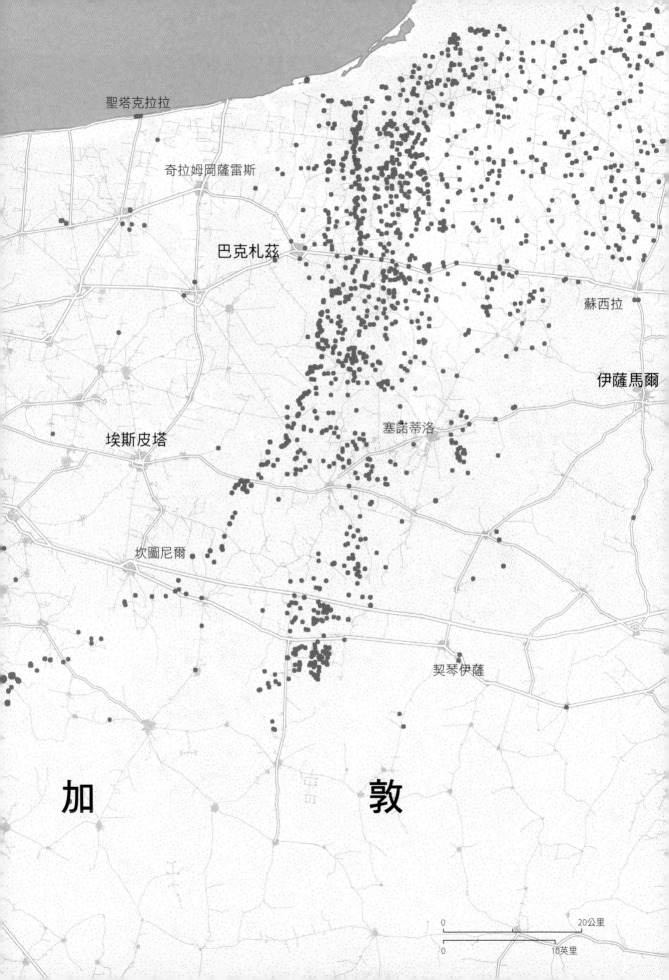

聖塔克拉拉

奇拉姆岡薩雷斯

巴克札茲

蘇西拉

伊薩馬爾

埃斯皮塔

塞諾蒂洛

坎圖尼爾

契琴伊薩

加

敦

0   20公里

0   10英里

↑
上百天然井散布在猶加
敦半島，成為地形上與
眾不同的特色。

獠牙，有時則是類似動物的口鼻。珍貴的獻祭品會被丟進天然井，期望雨神回報以對農作生長至關重要、不可或缺的雨季。這些祭品各種各樣，從玉石、黃金到薰香，甚至還有一種令人感到不安的祭品：幼童。天然井的名稱中之所以會有「口」這個字，便是來自這些獻祭品。民間傳說也讓我們得知，天然井是通往人稱「席巴巴」（Xibalba）的冥府世界的神聖通道。有一本叫做《波波爾鳥》（*Popol Vuh*）的古老馬雅經書，描述了那條通往席巴巴的駭人路徑：你必須橫越裝滿蠍子、血與膿的河流。

靠著現代學術研究的幫助，如今我們得知，天然井本質上是一種特定型態的獨立天坑，會在石灰岩表面層崩塌、露出底下的龐大洞穴時形成。但是，有更深一層的理論如此說明，認為它們的形成可將我們帶回恐龍時代末期。在北猶加敦，小鎮希克蘇魯伯（Chicxulub）正是6,600萬年前一顆估計15公里寬的小行星撞擊地球的位置，那次撞擊造成橫掃地球的超級海嘯，殺死世界上80%的生命。在充滿硫化物的雲終於散開後，露出了下方的巨大隕石坑，直徑長達180公里。隕石坑有一半埋在離岸地下600公尺的沉積物下方，但是另外一半則在陸地上，其後被一層石灰岩覆蓋。歷經時光磨損，呈現出的就是那層石灰岩，並製造出今日所知的天然井。

對此一理論最明確的佐證，便是如果你從上方觀看，長長一列天然井將會精確地吻合估計是撞擊隕石坑位置的外圈，形成彎弧的半圓，在地形上延展開來。有99個天然井已受官方認定，位在這條弧線上，另有多達900個雖未受官方認定，但也處於同樣地理特徵的天然井。地表上，這些巨大洞穴的塌陷，露出下方的地下水位，鹹水和淡水的水流於此交會，許多天然井都被認為是地下河流的起點，而最終，它們會流向大海。

這個地表下空間規模極為驚人。有上百公里的地下水道已被人們繪製成地圖，然而尚在進行的測量工作離完工還遙遙無期。2020

年，連接猶加敦各處多個天然井的巨大地下水道網絡白洞系統（Sistema Sac Actun），經測定後得出可觀的347公里長度，成為世上最巨大的水下洞穴系統。

既然這麼大一塊區域從古代隱藏至今，洞穴探險家仍有許多沒挖出來的祕密似乎就沒什麼好驚訝。有一座名叫薛克（Xoc）的天然井，位於猶加敦西北部城市梅里達（Mérida）附近，在那裡發現了許多古代海洋生物的殘骸，包含據信屬於幾百萬年前巨齒鯊的13顆牙齒。這個生物很可能是史上最巨大的鯊魚。另外，位於金塔納羅奧州（Quintana Roo）旁的圖倫（Tulúm），有個叫欽荷（Chan Hol，馬雅文為「小洞」）的天然井，該處找到一副超過13,000歲（經碳酸鈣測量判定）的人類骨骸，成為美洲最古老的人類存在證據之一。

不過，近年於天然井中發現的卻是各種現代物品，大多是垃圾和人類廢棄物。猶加敦的永續發展祕書處估計，該州2,241個登記在案的天然井60%都有汙染問題。近年，當地潛水團隊組織起來，經挑選後潛入部分天然井，撿回上百噸垃圾，包含汽車輪胎、玻璃瓶和舊腳踏車。此外，也有形形色色、種類不一、傳聞用於巫術的物品。他們使用某種精心調製的雞尾酒藥劑，內容物混合細菌、真菌及微生物，以生化方式清理這些受汙染的天然井。用這種方法能夠復原健康的自然生態系統所需的清淨水源。無庸置疑，這麼做比起獻祭珠寶或幼童更能取悅恰克神。

馬雅神祇恰克要求人類獻祭以交換雨季的降臨。
↓

波斯托伊納洞
Postojna Cave

世上最奇特兩棲動物盲眼龍寶寶之家

斯洛維尼亞

N 45° 46′ 59″
E 14° 12′ 06″

1818年，在獨霸一方的奧地利帝國裡有個波斯托伊納洞，它是個數百公尺深的洞穴，吸引了好奇觀光客遠道而來。4月時，當地人將為奧地利皇帝法蘭西斯一世（Francis I，同時也是神聖羅馬帝國的法蘭西斯二世〔Francis II of the Holy Roman Empire〕）及他的第四位妻子卡洛琳·奧古斯塔（Caroline Augusta）的盛大光臨做準備。皇帝很希望在前往探訪達爾馬提亞（Dalmatia，今日的南克羅埃西亞）途中，見識一下這座令人嘆為觀止的奇景。洞穴小組準備這趟探訪時，一位名叫路卡·崔斯（Luka Čeč）的基層點燈助手受命進行一項危險任務，他必須走上一道臨時搭建的橋，橫越地下河流、裝設歡迎標示。

抵達另一邊時，崔斯消失在一般認為無法穿透的岩石障壁後方，旁觀者只能憂心忡忡，不曉得他出了什麼事，會不會是被地面給吞下、再也無法回來。當崔斯終於再度出現時，臉上閃耀著興奮光芒，他表示自己在洞穴深入中心處發現了「天堂」。為了證實這個說法，他拿出鐘乳石和石筍碎片展示。這是他為了標記回到入口的路折斷的。

這個瞬間永遠改變了如今是斯洛維尼亞的地區。今日，波斯托伊納因為充滿如主教堂般巨大的空間，成為遠近馳名的景點，

北

皮夫卡河消失約2,200公尺後，再
次於普拉尼那浮出水面

皮夫卡洞穴

黑色洞穴

虹吸水道

皮夫卡河

抹大拉洞穴

入口

虹吸水道

虹吸水道

虹吸水道

天堂洞穴

貝爾塔尼雷利橋

受難地（大山）

三色洞穴

入口

鑽石廳

島洞穴

虹橋

簾幕

皮夫卡河

鐵道

維里其島

0   500公尺

0   500碼

河側入口

洞穴入口

皮夫卡河

波斯托伊納

這個地方有著和建築物同高的柱子，包含暱稱「摩天大樓」的一根16公尺的宏偉石筍，年代約在15萬年前；更有全長24公里的地下通道，成為歐洲能供大眾參觀最長的公開洞穴。

但是相對看來，我們對崔斯所知甚少——也就是發現波斯托伊納到底有多深的人。目前所知並沒有他的照片。他雖努力想針對這個了不起的大發現爭取一點名聲，儘管背景窮困、社經地位低下，仍懇求皇帝賜予他應得的榮譽。但是他的請求遭到駁回，這項成就被賜給喬西‧耶史諾維奇‧馮‧勒溫格夫（Josip Jeršinović von Löwengreif），波斯托伊納地區的財務長。經過數十年後，崔斯這個關鍵角色才為人所知。隨後，他也正式受到認證，成為真正發現洞穴的人——很不幸，這已是在他過世多年之後了。

崔斯也是第一個找到人稱「細頸蟲」（slender-necked beetle）的生物的人。這是一種身體結構細長的銅色昆蟲，有著細瘦的胸甲（亦即上半身），以及比例上相對巨大的腹部。對該甲蟲的研究催生一整個洞穴生物學（Speleobiology，或Biospeleology）的學術領域，也就是針對洞穴生物的相關研究。但在波斯托伊納幽深洞穴找到的150個不同生物種類中，最吸引人的無疑是學名為 *Proteus anguinus* 的奇特兩棲類，或稱洞螈（olm）。在當地中世紀民間傳說中，這種生物被稱為「龍寶寶」。但牠們並非神話、傳說或好萊塢巨片中會飛天吐火的野獸。這些「龍」的動作相對緩

洞螈是世界上奇特的兩棲類之一，可以長達12年不吃東西。
→

慢鎮定，雖然魅力並不因此減少。實際上，牠們可能是世上最奇特的兩棲類之一。

　　洞螈是歐洲唯一適應了洞穴生活的脊椎動物，棲息於第拿里阿爾卑斯山下方的地下水域系統，該系統分跨斯洛維尼亞、克羅埃西亞、波士尼亞和赫塞哥維納再過去的區域。這些有趣的生物外型嬌小蒼白，恍若半透明的蠑螈，而且雙眼全盲。牠們雖有眼睛，卻衰弱得幾乎派不上用場，僅利用嗅覺、味覺、聽覺、電磁與感光性的皮膚（基本上牠們能感覺到光）等等強大感官來尋找食物，如小螃蟹、蟲子和蝸牛。倒不是說牠們非常需要進食，這些生物最久可以長達12年什麼都不吃，一切都要感謝牠們保持近乎完全靜止的能力，可說一點精力都不會耗損。波斯托伊納中棲息約4,000隻洞螈，我們透過各種研究技術、尋找線索，試圖對牠們極為漫長的生殖週期釋疑。洞螈下蛋耗費約6到7年，那些覆蓋果凍外層的白色珍珠會黏附在洞穴牆上，之後才個別受精。一旦出生，洞螈的壽命也同樣拉得很長，有的甚至長壽達到百歲。儘管這些長得像外星人的有機生物那麼奇特，嚴格說也缺少迷人的魅力，斯洛維尼亞人卻莫名對牠們情有獨鍾，甚至將牠們放上國家貨幣、永存不朽。

　　從令人驚嘆的洞穴結構，乃至千奇百怪的動物群相，波斯托伊納絕對有資格稱為歐洲最了不起的地下空間之一。崔斯必定會十分驕傲。

據聞，路卡‧崔斯初次探索波斯托伊納歸來後，立刻對同僚說他發現了「天堂」。
→

維里亞夫基娜洞穴
Veryovkina Cave

有可能是世上最深洞穴

喬治亞

N 43° 24′ 56″

E 40° 21′ 23″

在深深的地底下，一隊洞穴探險家正和時間進行賽跑，他們必須往上攀爬，逃離不斷高湧的洪水。半小時前，由於暴風雨行經帶來豪雨，地表附近的隊友傳來警告，通知同伴。但是，底下的探險家直到早餐吃了一半，親耳聽見不斷趨近的水發出陣陣鼓動、震耳欲聾，讓人冷至骨髓的怒吼，才不得不相信險惡情況確實為真。他們抓了攀爬工具、睡袋和記憶卡，別無選擇，只能拋下其餘行李逃亡，不顧一切往表面衝，而這個表面，位在頭上方1.6公里處。

標題所謂「世上最深洞穴」也許比意料中存在更多疑問。洞穴是複雜且毫無秩序的，要想定位出最深位置，比起找出山岳的最高點難上許多。隧道會分裂、斷開，分支成數個潛在通道。開口可能難以窺見，或者雖然肉眼可視，卻完全碰觸不到。有時也可能出現死路，只有一小條僅幾公分寬的細縫能通往後方的巨大石室，或是能繼續前進的通道。由於極度黑暗寒冷，外加還存在著險惡且難以預測的地下河流，使探索過程變得更為複雜。

多年來，洞穴學家不斷與庫魯伯亞拉洞穴（Krubera）的深度進行角力，洞穴位於喬治亞的阿布哈茲（Abkhazia），地處大高加索山和黑海之間一塊高低不平的區域。2001年起接著進行的幾次遠征，確立了該洞穴為世上最深洞穴。起先至少到達地表下1,500公尺，接著變成1,800公尺，然後2,100公尺。但是，也許最大的突破是在2012

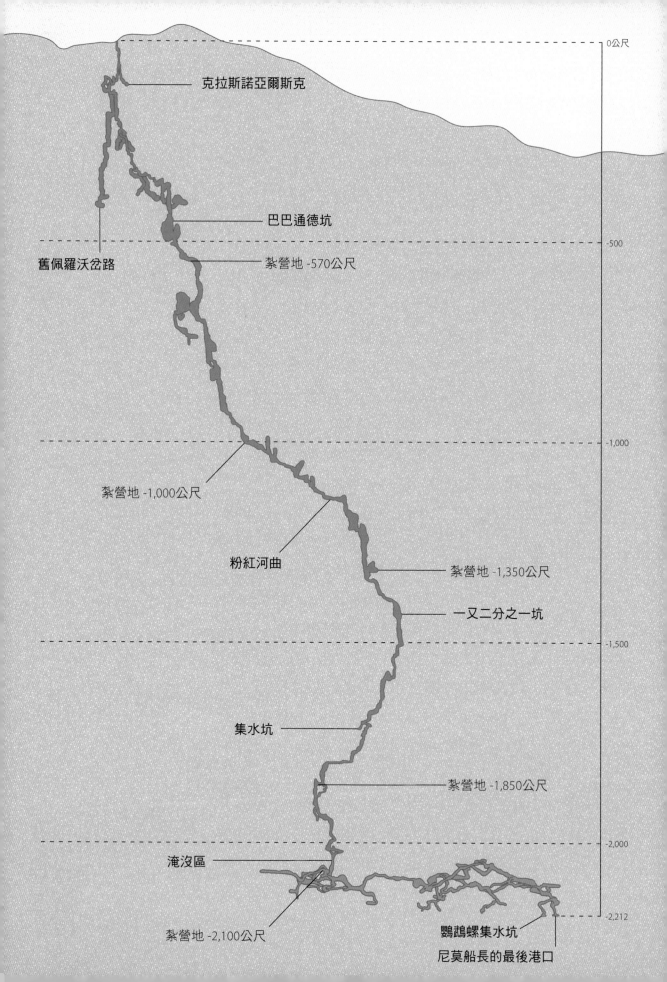

0公尺

克拉斯諾亞爾斯克

巴巴通德坑

舊佩羅沃岔路 　　　　紮營地 -570公尺

-500

紮營地 -1,000公尺

-1,000

粉紅河曲

紮營地 -1,350公尺

一又二分之一坑

-1,500

集水坑

紮營地 -1,850公尺

-2,000

淹沒區

-2,212

紮營地 -2,100公尺

鸚鵡螺集水坑

尼莫船長的最後港口

年，當烏克蘭洞穴探險家吉納季・薩莫金（Gennady Samokhin）試圖以緩速潛降，超越了有史以來最深位置。他從海平面上一座2,240公尺的高原，奮力對抗地底下的蜘蛛和其他生物、深埋水下伸手不見五指的隧道，以及冰寒的溫度，只為了至少確保達到2,197公尺的新紀錄深度。無庸置疑，庫魯伯亞拉就此成為世上最深洞穴。

可是，就在相隔幾座山之外，一名挑戰者正在等待。當薩莫金對記者侃侃而談，說他認為庫魯伯亞拉甚至能深入地心，一支新遠征隊看上附近的維里亞夫基娜洞穴。2018年3月，一支由俄羅斯人帶領的團隊前往阿布哈茲，在維里亞夫基娜中花了將近兩週。他們透過山脈側邊位於海平面上2,285公尺的小直井進入，想看這個洞穴能延伸到多深。洞穴內部十分潮溼，而且蜿蜒曲折到令人困惑的程度，處處死路，或者令人不得不勉力擠過一些細小縫隙。在接近可與庫魯伯亞拉最深處相比的深度時，他們遇上一座大湖，湖水漆黑，湖面如鏡，逼得接下來的探險不得不改為水下行動。當洞穴潛水者終於重新浮上水面，證實了所有人都等不及想聽到的消息：維里亞夫基娜的絕對深度超越庫魯伯亞拉，儘管只有15公尺。兩者極為相近，但是新的冠軍已經誕生。

當年稍晚，一支新的遠征隊再回到相同地點，朝著山的更深處探索，想知道它究竟能深到什麼地步。上回旅程中，他們蒐集到不少罕見與新發現的洞穴生物，如小蝦和蠍子，因此這次更加上了針對洞穴學術知識的滿腔熱忱。新探險隊帶上裝備，打算以更強硬的態度闖入維里亞夫基娜核心，看看洞穴到底多深。這支隊伍還帶上了國家地理頻道的攝影師，準備記錄下歷史性的成就。

但是，當快速上升的洪水開始不斷威脅遠征隊時，原先他們認為洞穴只會在冬季漲水的想法顯然變得極度可笑，隊員只能在手忙腳亂中為了保命逃跑。對探險家來說當然十分挫折，畢竟

↑
想降到目前所知最深洞穴，必須經歷危險的沿繩垂降、穿越冰寒氣溫，以及近乎全黑的環境。

他們已在地下度過一週。可是，除了放棄這場探索、回到地面世界，他們別無選擇。至今，維里亞夫基娜的官方深度依舊維持在地表下2,212公尺，成為一個在原處等待、誘惑眾人再來打破的世界紀錄。

卡祖穆拉洞穴
Kazumura Cave

充滿了神話
長度也超乎想像的熔岩管

夏威夷，美國

N 19° 29′ 15″
W 155° 04′ 47″

從初次被判定為世界最長熔岩管後，一直到今日，卡祖穆拉的所知長度至少是當時的5倍。
→

在夏威夷傳說中，有兩個姊妹從大溪地降臨，在這座島上落腳。年紀大的是火山女神佩蕾賀努阿梅亞（Pelehonuamea，也稱佩蕾），最近和一名強大的姊妹娜瑪卡歐卡海（Namakaokaha'i，海之女神）起了爭執，隨後又和另一人鬧翻，也就是她身邊的年輕手足，喜伊阿卡歐利兒佩蕾（Hi'iaka'aikapoliopele，名字太長，所幸一般簡稱她喜伊阿卡）。某天夜裡，佩蕾夢見俊美的年輕酋長羅西奧（Lohi'au），深深著迷，於是她命令命喜伊阿卡在40天內將這個人帶到她家，也就是島上一片高地的火山口中。她告訴妹妹，要是失敗，她就會讓喜伊阿卡親眼看著島上她特別自傲的一座森林遭到毀滅。

喜伊阿卡接下這趟艱鉅旅程，最終成功。然而，她花了太久時間完成任務，使得顯然不太有耐心的佩蕾認為妹妹將羅西奧占為己有，並出手擊潰喜伊阿卡的森林，以火夷為平地。當喜伊阿卡回敬這侵略性的行為，佩蕾則以熔岩河當反擊，殺了羅西奧，並將他的屍體扔進火山口。喜伊阿卡不顧一切想尋回羅西奧的屍體，憤怒地挖掘火焰沖天的大坑。整體來說，就是有很多火焰、飛石、火山爆發等等常見的鄉土劇情節。

這個故事和其他類似的故事不僅解釋了夏威夷及鄰近島嶼劇烈的火山地形，還有千年來——或說自從人類居住在這些島上以來——發生的多次劇烈噴發。民間傳說永遠和大事件脫不了關係，

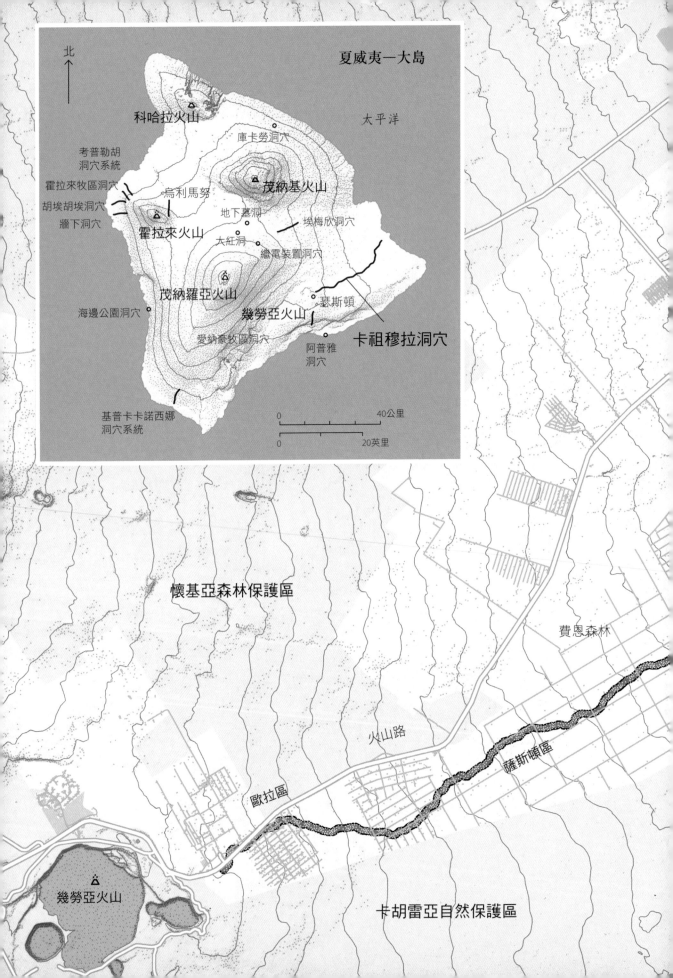

北

基歐

夏威夷天堂公園

下卡祖穆拉

奧奇德蘭茲

夏威夷畝

費恩阿克雷斯

老卡祖穆拉

艾納洛亞

帕霍亞

上卡祖穆拉

埃登羅克

普納森林保護區

利拉尼莊園

5公里

3英里

從前述提及的森林遭燒毀，到喜伊阿卡的挖掘造成的石頭噴發，都能讓地質神話學家將地質研究中蒐集到的數據，拿來和噴發後的準確日期比對。神話學也許也能幫助我們瞭解卡祖穆拉洞穴的誕生——也就是世上最長也最深的熔岩管。

卡祖穆拉是在幾勞亞火山（Mount Kilauea）約莫60年的噴發期中，因一條極度巨大的熔岩流形成，此事據信發生在15世紀中期的某段時間。這場噴發命名為艾拉奧（Aila'au），依照其名的意義，約略翻為吞噬森林的火之神。儘管此神有著如此令人畏懼的名聲，卻在佩蕾來到的時候逃跑。當不間斷的噴發逐漸休止，洶湧朝海奔流的熔岩開始從外到內慢慢冷卻，外層開始形成堅硬的玄武岩，內部的熔岩持續以近似液體的型態流動。最終，一旦內部熔岩河完全排空，就留下一條巨大的天然「隧道」，一路從幾勞亞火山邊緣延伸來到水緣處。

在夏威夷火山活動激烈的熱點，這種管道相對常見。夏威夷常見的低黏滯度熔岩流有個當地名稱，繩狀熔岩（pāhoehoe），在土壤中隨處可見，很多都淺，而且在地表有著危險的開口，稱為puka，常有植被覆蓋，並往往變成行經的粗心路人的陷阱，他們常會掉進裡頭，並導致致命後果。最重要的是，這種管道的形成相對快速，有時只需要那麼一次噴發——比起構造運動的緩慢過程，以及形成大多洞穴和其他地質特徵的風化作用，真的迅速太多了。

儘管它這樣無所不在，談起規模，卡祖穆拉實在讓所有同儕相形見絀。它的巨大——雖然確定卡祖穆拉實際究竟多長，可說難如登天。當1981年初次對它展開探索時，官方長度一度記錄為11.7公里，已足夠讓它成為世上最長的熔岩管。但是，在1995年第一次完整走查後，它延伸成儼人的64公里，因為有5條個別熔岩管經確認後得知，其實是同一條長得超乎想像的隧道的不同區段。

目前從幾勞亞火山山坡的起始點算起，乃至幾乎碰觸到海洋

→
幾勞亞的日常火山噴
發活動，製造出蟲狀
的詭異「熔岩石」
（lavacicles）。

的洞穴間，已知有100個進入洞穴的入口，垂直深度超過一公里。
管道之大，舒適行走也綽綽有餘，甚至搞不好能開車。畢竟，邏
輯上確實可能把車輛弄進去──因為洞穴頂挑高至18公尺，兩壁
間相隔寬達21公尺。

　　打亂秩序的樹根零星從天頂戳出。此外，也很難不被整片引
人注目的熔岩石奪走視線，那是下滴的熔岩殘餘，也許較為人知
的名稱是熔岩鐘乳石。洞穴四壁都染上礦物的明亮色彩，包含深
色的鎂鐵礦、綠色的橄欖石。這是不屬於這個世界、恍若境外的
國度，自然被當地夏威夷人認為十分kapu──也就是神聖。它的
存在，在這座民間傳說中充滿來自另一個世界、恐怖強大的神祇
相互角力的島嶼，再合情合理不過。

光明洞
Cueva de Villa Luz

在充滿酸性物質的洞穴中
卻有一種特殊的魚能存活

墨西哥

N 17° 27′ 00″

W 92° 47′ 45″

一群身穿白衣、頭戴寬邊帽和亮紅色領巾的人涉過牛奶色水流，進入一個洞穴系統。雖然你不會立刻有明顯的感覺，但這個洞穴的不友善遠遠超過想像力豐富又悲觀的幽閉恐懼症者能想像的程度。索克人（Zoque）——一個住在南墨西哥的部族——每到春季，會將裹滿某種漿糊的樹葉蘸入洞穴水中，這是一種祈求沃土的古老儀式，懇求雨水打破地表漫長的乾旱魔咒。彷彿回應他們的懇求，魚開始浮上水面，而且一動也不動。敬拜者會迅速將那些昏迷的獵物蒐集起來、放入籃中，對神祉賜予的慷慨禮物滿懷感謝，這能助他們渡過難關，直到雨水回歸。

在這種地方找食物是十分罕見的。光明洞（字義正是被光照亮的空間），也就是這個地下世界為人所知的名字，聞名的是不宜居住的內部狀態。這些水中富含硫酸，因之讓被染成白色的 El Azufre（意為硫磺）河破土而出。一切都要感謝硫化氫的微泡（Microbubbles），使它們往上衝破埋在土壤下方的儲油層，在空氣中製造出濃厚且強烈的臭雞蛋氣味，並和水中的溶氧互起化學作用，旋即形成硫酸，降低水中的pH值。此外，還有另一個關鍵角色的助力，其名稱雖然莫名令人厭惡，卻也同時讓人印象深刻：單細胞嗜熱菌（snottites）。這些微生物細菌就像某種漂白怪物的鐘乳石聚落，從洞穴天頂垂下，氧化同一片空氣中的硫化氫

↑
光明洞中的霧白水源充滿硫酸，幾乎讓任何種類的生物都無法居住。

（以替代光合作用），製造出威力非凡的硫酸，滴進下方水中。在pH值平均位於1.4——有時甚至達到0（量表上的最強數值），這種酸液只要一接觸人類皮膚，就會直接燒穿。

條件如此嚴苛，洞穴探險家必須穿戴防護性的呼吸護具，抵禦有毒氣體，以免危及呼吸系統。如果沒有附加這層幫助，喉嚨和肺可能會產生灼燒感，預告危險近在眼前，亦即失去意識、甚至命危。索克人之所以能在沒有任何設備之下進行儀式，也許是因這只發生在洞口附近，而且一年只需忍耐經歷一次。

我們或許可假設這種環境下不可能孕育任何生命。然而，索克

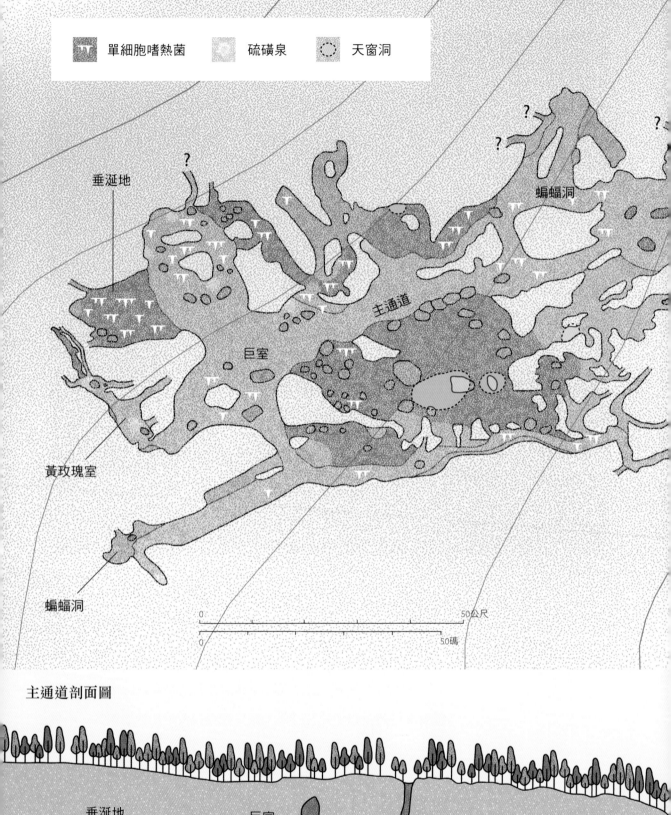

單細胞嗜熱菌　硫磺泉　天窗洞

垂涎地

蝙蝠洞

主通道

巨室

黃玫瑰室

蝙蝠洞

0　　　　　　　　　　　50公尺

0　　　　　　　　　　　50碼

主通道剖面圖

垂涎地　　　巨室　　　　　　　蝙蝠洞

↑ 硫磺泉　　↑↑　　↑　　　　　↑　　　↑

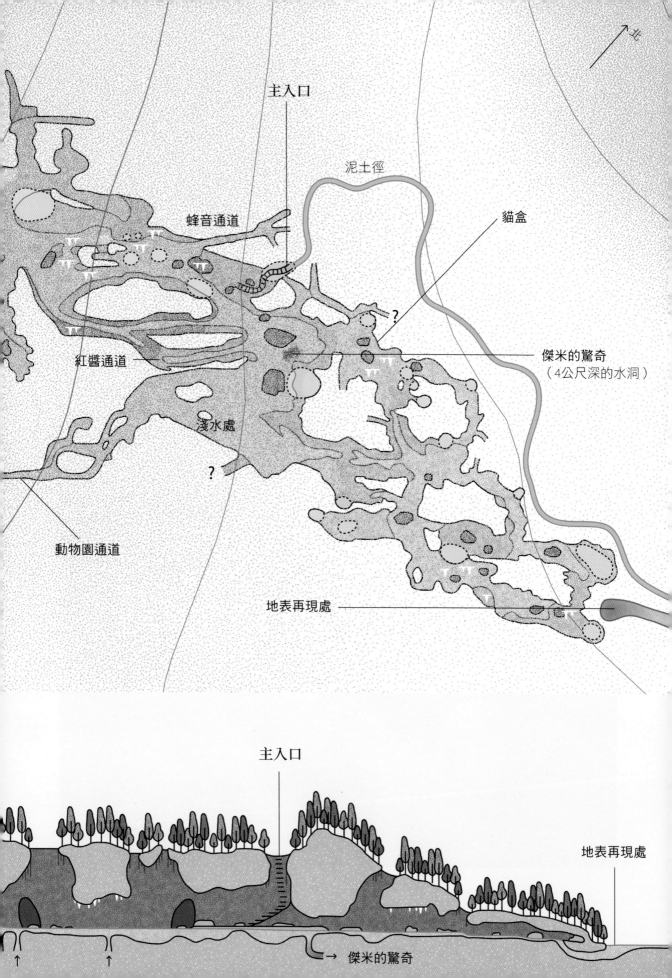

北

主入口

泥土徑

蜂音通道

貓盒

紅醬通道

傑米的驚奇
（4公尺深的水洞）

淺水處

?

?

動物園通道

地表再現處

主入口

地表再現處

→ 傑米的驚奇

人的儀式卻提供了令人無法反駁的證據，即便條件如此嚴酷，也阻擋不了千年來有某一種魚棲息在洞穴中。在世界一隅的水流之中，可以找到短鰭花鱂（Atlantic mollies，或 *Poecilia mexicana*），一般而言，幾乎不可能有生物在這種酸性地下水中存活。然而，光明洞裡的動物顯然練就一身生物和行為層面的適應力，使這不可能的任務成為可能。包含所謂的水表面呼吸行為（aquatic surface respiration）——固定上浮到水面附近呼吸——能降低攝入的毒氣量，使嚴重的效應得到減緩。甚至據信牠們獲得某種神奇能力，能在酸進入身體時將之化解。

　　不過，索克人的到臨顯然使得再頑強的花鱂都保護不了自己。進行儀式時，他們會使用毒魚藤（barbasco）根部磨碎取得的漿汁，這是一種美洲隨處可見的矮灌木。有毒的魚藤酮滲入水中，並由水流攜帶著流遍洞穴，對魚進行麻醉，讓獵人冷靜採收獎賞，同時間他們深知魚藤酮的毒素對人類影響非常小。

名為「單細胞嗜熱菌」
的微生物細菌聚落黏附
在洞穴天頂。

　　這項儀式對演化學家而言是相當有趣的案例研究。他們從觀察
得知，某些花鱂對根部毒素的抗毒性比其他花鱂更高，賦予這些個
體更高的繁殖力，並將抗毒性傳承給下一代。時光遞嬗，這群強韌
的穴居花鱂便具有比外頭世界軟弱親戚相對強大的抗毒性。有鑑
於身處洞穴中的有毒環境，外加索克人一年一度的下毒儀式，牠
們仍身懷恢復力，這些花鱂可能稱得上全世界最強悍的魚類之一。

儘管條件嚴苛，洞穴中仍
能找到為數不少的花鱂。

鹿洞
Deer Cave

世上最大地下河道

馬來西亞

N 04° 01′ 41″
E 114° 49′ 44″

地下峭壁陡峭，有巨大糞墩數個，上頭滿是蟲子。此外，這裡近乎全黑。1977年8月上旬，英國探險家羅賓‧漢伯瑞‧坦尼森（Robin Hanbury-Tenison）和他10幾歲的女兒行於巨大的地下河道中，前方有個發出亮光的點吸引他們趨前——如假包換的隧道盡頭亮光一簇。

當他們急忙攀過蝙蝠大便，終於從出口冒出，旋即沐浴在眩目的陽光中，赫然發現自己身處一座封閉谷中，四面八方圍繞著似乎無法穿過的陡峭側壁。最終他們發現，這趟旅程出色之處不只一項：有史以來，第一次有人爬過可能是當今最大的地下河道的地方；有史以來，他們是第一批進入這片後來被命名為伊甸花園（Garden of Eden）的訪客。「我們很可能是踏足那裡的第一批人類。」羅賓‧漢伯瑞‧坦尼森在遠征回憶錄《尋找伊甸》（*Finding Eden*）中這麼寫道。

這些文字喚起古往今來數世紀全世界探險家都有的感受。對於這類遠征，1970年代晚期可能已相對近代，但是姆魯（Mulu）——這個位於婆羅洲的東南亞島嶼——仍然保有令人嘆為觀止的景色等待人們來揭露。在羅賓‧漢伯瑞‧坦尼森初次抵達的6週後，皇家地理學會的遠征隊長接下這個任務，展開了一趟艱苦的旅程，穿越令人畏懼、龐然如大教堂的鹿洞。該地長度

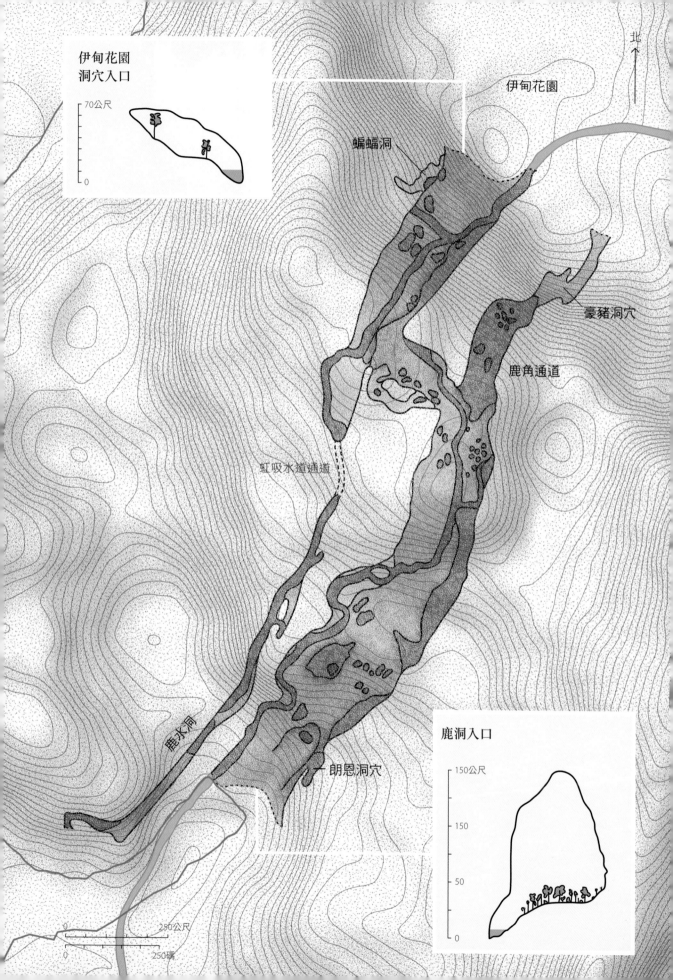

北

伊甸花園
洞穴入口

70公尺

0

伊甸花園

蝙蝠洞

豪豬洞穴

鹿角通道

虹吸水道通道

鹿水洞

朗恩洞穴

鹿洞入口

150公尺

150

50

0

250公尺

250碼

超過1公里，名稱由來是曾被目睹前來此洞避難的動物。既然當地的沙勞越柏拉灣族（Berawan）表示，他們從沒聽過有人穿過洞穴，那麼，漢伯瑞‧坦尼森一家自然可合理稱之為踏足洞穴另一邊世界的第一人。

當時，鹿洞聞名的就遠不只是它的尺寸，洞中的生物多樣性更是出乎意料。遠征初期，探險者觀察到有巨大蝙蝠群落日日離開，並在傍晚回歸——整批數量約在100萬以上——並成為姆魯國家公園知名的觀景特色。洞穴中有小動物到處亂竄，例如引人注意、會發磷光的蜈蚣。棲息在洞穴中的鳥類數量之多，甚至突然催生出一個產業，以一小群、一小群為基礎單位的當地採收者。他們會爬上搖搖晃晃的梯子，大塊大塊地割走洞穴中的燕子巢。這是極受歡迎的燕窩湯品的主要原料，被看做某種中國珍饈，普遍認為該原料價值連城。然而，這個舉動也為上述的諸多鳥類帶來生存威脅。

鹿洞自然不是這塊領域唯一的巨大地質洞穴。整塊地形中無庸置疑神祕地充滿巨大且未經探索的洞穴和通道，從綠洞（Green Cave）——入口長滿植被，使得內部照入的稀薄光線自然具有綠色色澤；到沙勞越洞窟（Sarawak Chamber）——世上現知最大洞穴，內部能塞下超過11座吉薩的大金字塔。確實，姆魯的山洞、腔穴地下網絡涵蓋超過600公里範圍，肇因於該地區經歷了200萬和500萬年前的地質作用，導致劇烈抬升，將婆羅洲從海中升起、扭絞，形成一連串至今仍持續發現中的諸多洞穴。

第一批穿越鹿洞的人表示，在另一端找到了失落的世界。
←

潘多
Pando

在地底下相互連接的複製樹木
組成一片古老森林

猶他州，美國

N 38° 31′ 35″
W 111° 44′ 57″

「草地有眼，森林有耳」，這句話來自中世紀作家喬叟（Chaucer），以及數世紀來的坊間傳聞。然而，假使樹木真有能夠聽見的方法，有沒有可能它們也能獲得說話的能力？確實，目前有越來越多證據支持樹會說話，也能聽見，而且是禁得起求證的科學理論。比起那些頑固科學家所相信的，森林似乎在樹葉之間有著更多聊天和耳語。

也許這件事發生的方法和我們從《魔戒》或《風中奇緣》得到的想像並不一樣。不過確實，目前人們越來越能接受這樣的想法：樹能相互溝通、透過地底下連接的根部網絡交換或傳輸糖分養分。順帶一提，樹根本身並無連接，它們用的是一種絲狀細長真菌——菌根——作為中間人，接合不同樹木的根部，在它們之間傳遞化學訊息。健康的樹能以此支持、甚至救助鄰近生病或受損的樹木，從而維持整座森林的健全。甚至有個說法：假使一棵樹被砍，或者樹葉、樹幹遭啃噬，它能通知附近的樹木——如果想像得戲劇化一點，便等同地面下的無聲吶喊——以準備抵禦攻擊。打個比方，增加樹葉中的毒性之類的。

這張「樹木資訊網」——有些人給了它一個浪漫的名字——只是以前針對樹木溝通的未知之謎慢慢揭開的真相之一。

潘多複製楊樹

30公尺

0

潘多複製楊樹林

醫生溪路

醫生溪露營地

魚湖溼地

25號公路

北

0　　　　250公尺
0　　　　250碼

世界上有一個地方，使得這個在底下傳紙條的動作得到全新一層的意義。美國猶他州南部里其菲爾德鎮附近的魚湖國家森林，生長著全世界最大的單一有機體。一座顫楊森林，其名來自風穿梭過樹上的葉子時，會製造出某種「顫抖」聲。該森林占地43公頃，以集合名詞稱呼：「潘多」。約莫47,000棵樹木，每株約30公尺高，以一樹燦爛明亮的金色和猩紅色的秋季色澤遠近馳名。它不僅依照前述提及的方式在土壤底下相互連接，事實上更是單一個有機體——說不定是世上最大的有機體。這些樹木是複製生物，經歷了超過數萬年增生而成。

這怎麼可能呢？底下到底發生了什麼事，才導致這般特殊的過程？是的，答案又是藏在地底。潘多的樹木不似普通系統，由單一植物透過巧妙的花粉傳播與鄰近樹木DNA融合、進行有性生殖。它們是在地下共享同一個根系，這在楊屬植物中十分常見。某種程度上，這些樹根擔任了巡察角色，它們會探索周遭環境，在旁進行無性「生殖」——或至少繁殖出表面看起來全新的一棵樹。這棵新樹仍和地表下方的父母相連，能夠長大成熟，並重複這個動作。

若在超過千年的期間、進行千次這種奇特的增生過程，你就會獲得一座蔓生的楊樹森林，全由地面下的樹根鏈相連，有能力、更有意志力拓植周遭的地形。這個擴張行為更進一步獲得顫楊特有的葉綠素特質幫助——若要進行光合作用，這是不可或缺的元素。它不僅像大多樹木，葉子裡有這個元素存在，連樹幹中也有。因此，即便在冬天，當樹葉枯萎、徒勞地躺在森林地上時，楊樹還能繼續進行光合作用，並持續成長。

然而潘多飽受威脅。該有機體生存的唯一方式，就是持續製造新樹苗，並且成功讓它們變成新樹，抵銷隨著時間過去損失的成員（每棵「樹」能活大約一世紀，也許一個半世紀）。不幸的是，這個過程近來受到嚴重妨礙：衛星影像顯示，過去30、40年來，森林的規模漸漸萎縮。

↑
因為巨大的共享根系，
這片顫楊森林成為世上
最大的有機體。

罪魁禍首顯然是將這片森林當成家的騾鹿（有時是牛）。自從當地掠食性動物減少（例如灰狼，主要遭到充滿戒心的人類消滅），使得這些草食動物數量暴增。牠們樂於享用這些美味的年輕樹苗，且食慾無法饜足，使得潘多難以製造新樹木，導致整座森林老去，病得越來越嚴重。此外，不斷增加的人類足跡，諸如電線、露營地、登山步道和小木屋，只是更徒增問題。

其導致的結果就是我們正親眼目睹一個有機體的死亡。它的存在，作為一個將根伸入土中的生物——它的手指朝天空高舉，外表看起來就如一般森林，沒有露出土壤下方真正的心臟——使人類不禁自問，或許，我們真的不曉得自己對自然世界多麼一無所知。

暗星洞
Dark Star Cave

可能是世上最深的高海拔洞穴

烏茲別克

N 38° 23′ 47″
E 67° 17′ 13″

1984年，一支來自斯維爾德洛夫斯克（Sverdlovsk）洞穴學俱樂部的蘇聯隊伍正在探索波伊森托夫山脈（Boysuntov，又名拜孫陶〔Baysun-Tau〕）的某個偏遠地點。該地鄰近烏茲別克與阿富汗邊境，若在上空從首都塔什干拉直線計算，距離約400公里，倘若在地面上行走，可能會達到兩倍距離。

在籠罩於上方365公尺、名叫柔佳格格歐塔（Xo'ja Gurgur Ota）的一片薄石灰岩懸崖上（一塊35公里長的高地斜坡，從高低不平的地形延伸出去），他們受到好奇心驅使，進入上方的一個神祕洞穴探索。這將會是一探壯觀的地下絕景、第一個被人發現的入口——該處可能是世上最深的高海拔洞穴。

然而這支團隊的發現之旅只前進了一些些，因此剩下的只能留給6年後冒出的一支叫艾斯帕90（Aspex'90）的英國團隊，探索這片懸崖壁裡究竟藏了何等地質方面的寶藏。這些探險家有著古怪的幽默感，用了1970年代一部無名邪典科幻電影《暗星》（Dark Star）為這個地下世界命名。該片訴說的是一批迷失在太空的船員。這或許能讓我們稍微感受他們在洞穴系統中度過每日每夜產生的情緒及與世隔絕感。最後，他們走到能力所及可探索的最深處——深到發現身上裝備已遠遠不足應付面前的挑戰。第二年，

←
攀上陡峭且高海拔的
懸崖，是下降到暗星
洞無法避免的過程。

接棒的團隊，也就是艾斯帕91，試圖繼續他們的腳步，卻因受到
融冰阻撓而止步。隨後將發生的蘇聯垮臺則使得對該地區進行進
一步調查的行動延遲數年。

　　幾十年後，暗星洞成為當代洞穴探索家的熱門地點，迄今總
共有8次遠征，繪製出18公里的隧道與其驚人的地層構造。懸崖
中現今已知的入口共有7個，奧倫堡斯基（Orenburgskiy）是最高
的，坐落於海平面上3,590公尺，位於洞穴最頂端，約莫在原來入
口稍上方處。然而，如果沒有專業攀岩經驗與適當的器具，一般

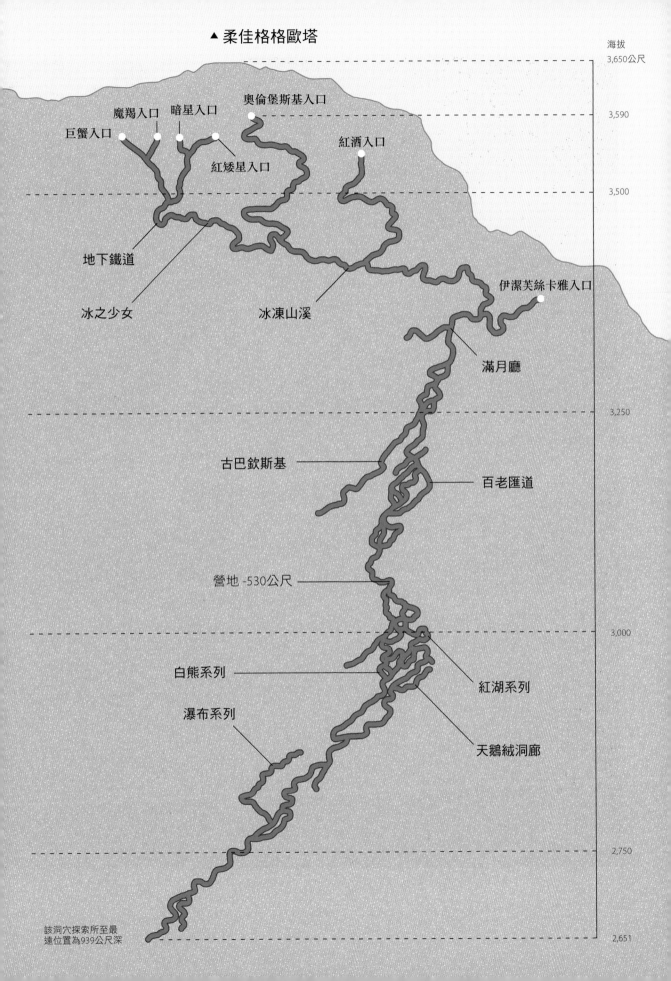

▲ 柔佳格格歐塔

海拔
3,650公尺

3,590

巨蟹入口　魔羯入口　暗星入口　奧倫堡斯基入口

紅矮星入口　　　　　　紅酒入口

3,500

地下鐵道

冰之少女　　　　　　冰凍山溪

伊潔芙絲卡雅入口

滿月廳

3,250

古巴欽斯基　　　　百老匯道

營地 -530公尺

3,000

白熊系列

紅湖系列

瀑布系列

天鵝絨洞廊

2,750

該洞穴探索所至最
遠位置為939公尺深

2,651

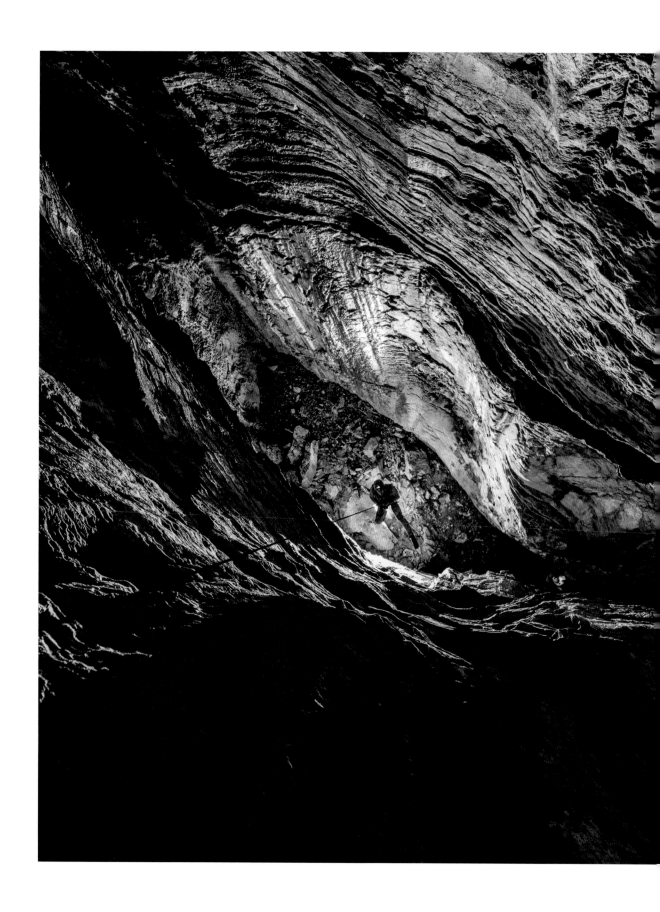

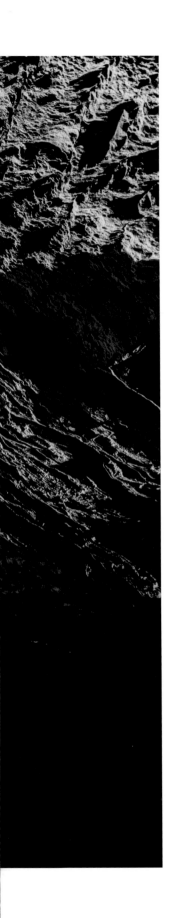

人不可能接近該處。為了進入洞穴，必須先攀上柔佳格格歐塔，至少抵達伊潔芙絲卡雅（Izhevskaya），亦即洞穴所知的最低入口，位於半空中垂直高度137公尺處，才可能垂降至內部。即使將目標設在最低的開口，也需花費數日鉤好必須的繩索，才得以進行一趟完整的遠征。

　　波伊森托夫的豔陽幾乎能將人烘乾，而且無處不酷熱，然而，從洞穴入口冒出的空氣竟意外酷寒逼人。的確，這些寒凍的氣溫大致定義了暗星洞的內部樣貌。儘管位於海平面上方幾千公尺，該洞穴的極端狀態也許與地表下的世界關連更大，諸如覆蓋冰晶的四壁、裝滿堅硬冰塊的大湖。此處也能找到幾乎凍結在時間之中的巨大瀑布，水流變成了粗大的冰柱。

　　最後一道瀑布由上至下的深度估計在939公尺——即便如此仍位於海平面上2,651公尺——其後不遠處的岩石上有條細縫，僅幾公尺寬，並且顯然正是繼續前進的唯一路徑。另一邊有條全新的隧道，通往未知領域。也許，這正是寓言中連接鄰近費斯提瓦納亞（Festivalnaya）、也就是另一條長洞穴網絡的通道？如果是這樣，這兩個洞穴系統結合後的大小，就能一步步躋身打破紀錄的領域。遺憾的是，這得留給未來的探索者和尚未落於紙上的遠征去努力了。

沒人知道這個洞穴網絡究竟延伸多長，或有沒有和鄰近洞穴相
← 連。

古洞穴
Palaeoburrows

據信由滅絕的大地懶挖出來的神祕隧道

巴西

S 29° 45′ 27″
W 53° 17′ 21″

2008年末，海因里希·法蘭克（Heinrich Frank），巴西南里約格蘭德州聯邦大學（Federal University of Rio Grande do Sul）一名地質學家正乘車沿新漢堡（Novo Hamburgo）某鎮附近的公路行駛。此時，他看到路旁開鑿的凹處上有個怪洞，反常的圓形吸引了他的注意力。在這個情況下，他沒時間要司機停車，所以他屬於地質方面的好奇心得先忍著。不過，幾週後，他開車和家人再次經過，得以停車就近探看。那是個位於稠密黏土砂岩中央的隧道，他對此越來越好奇，到底是什麼原因製造出這種奇怪的特徵？法蘭克一面猜想，一面爬進深深地下。

我們不能忘記，地球上所有物種有廣大數量如今皆已滅絕，有些較出名，大家比較熟知的是猛瑪象和劍齒虎，但牠們和同樣身世成謎、卻沒什麼人認識的其餘龐然大物一樣，也是更新世的一員。例如穴獅，還有巨河狸。在諸多案例中，在特定物種消失於世千年後，解體的化石和骨骸是解開牠們資訊僅存的線索，像是外表是何樣貌、棲息地和習慣云云。

其他物種則留下極為清晰的存在證據，不過，要讓人類意識到牠們的貢獻可能得花上點時間。當法蘭克踏入巴西土地的灌木叢中，也證實了這個狀況。這些年來必定有上百萬人經過這個公路旁的地方，

北

哥倫比亞

委內瑞拉

蓋亞那

蘇利南　法屬圭亞那

北大西洋

巴　西

祕魯

玻利維亞

巴拉圭

智利

南大西洋

烏拉圭

阿根廷

● 古洞穴

0　　　　　　　　　　1,000公里

0　　　　　　　　500英里

但他是第一個願意（而且擁有專業知識）停下來進一步探索、推想這個洞實際究竟怎麼出現的人。隧道內部稍顯橢圓，直徑約1公尺，法蘭克知道這個形狀絕對不可能由水形成。更明顯的是，周遭壁上有著深長切口，深深挖進岩中，彷彿巨大爪痕，那是他從未見過的特徵。

這並不像是地質作用——例如水流沖刷或時間流逝，或劇烈的構造活動——留下的證據。這些說明了該處事實上有動物活動的痕跡，一種約在1萬年前消失的生物：大地懶（Giant ground sloths）是可能的罪魁禍首。這是一種據信曾一度廣泛分布在南美洲的生物，正式名稱叫*Megaichnus* igen. nov。這些生物就像現代的大犰

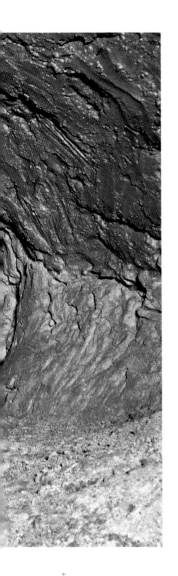

↑
在整個巴西南部發現了上千個這種古洞穴，是數千年前直接從土中挖出來的。

狳，公認是挖隧道的專家。此外，由於牠們結實且龐大的體積（也許能和當今的大象比擬），因此需要巨大且寬廣的隧道做躲避處，直徑約需1.5公尺。

但是這條隧道並不獨特。由於法蘭克注意到了古洞穴的存在，便著手準備一趟任務，打算揭開更多這種地層構造。其後超過10年，單是在南里約格蘭德，他就記錄了超過1,500個古洞穴。同時間，巴西其他州還發現了更多洞穴，例如鄰近的聖塔卡塔林那，以及北巴拉拿的大量洞穴。它們的散布為大地懶在歷史上的分布區提供了相關證據，存在痕跡顯然多半限於巴西南部，只在烏拉圭和巴拉圭有過一個紀錄，出了美洲之外就一個都沒有。萬萬沒想到，從人們易忽略的微小線索中，竟能揭露如此巨大的事實。

大地懶是一種史前生物，牠們在現代地形上留下痕跡。
→

古老歷史

肖維岩洞
Chauvet-Pont d'Arc

世上保存最早也最完善的具象藝術之一

法國

N 44° 23′ 21″
E 04° 24′ 57″

壁上的許多動物在歐洲
已滅絕達上萬年,更顯
示出這些畫作的久遠年
代。
←

倘若古人類對我們開口說話,選的媒介當然是地下世界。地底空間幾乎和以下事物劃上等號:*Homo erectus*(直立人)、*Homo neanderthalensis*——大家更熟悉的名稱是尼安德塔人——以及其他早期原始人,通常會簡單這樣概括:穴居人。

而給我們這些原始親戚相關資訊的下層世界也一樣。我們隨身攜帶這些祖先的基因密碼,活在現代21世紀之中。對於這些遠祖究竟如何生活,我們握有的大多知識都來自骨頭、工具、動物殘骸,以及——沒有錯,由這些史前人類繪製的畫作留在洞穴之中,還有普遍為了安全和遮蔽所棲息之處。與早期人類有關的許多重大發現都出現在這樣的地下空間,像是2003年在印尼佛羅雷斯島(Flores)的梁布亞岩洞(Liang Bua cave)發現的佛羅勒斯人(*Homo floresiensis*),也就是知名的「哈比人」種族;或是2008年在俄羅斯的丹尼索瓦洞穴(Denisova Cave)發現了目前尚未分類的「丹尼索瓦人」;以及2012年中國西南發現的「馬鹿洞人」(Red Deer Cave people)。

我們以此為前提,前往法國東南一片石灰石高原。時間是1994年12月末,尚·馬利·肖維(Jean-Marie Chauvet),一名文化部的當地公園巡察員,正和朋友艾麗特·布魯內爾(Eliette

北

猛獁象畫像與洞熊抓痕 ————

獅子和犀牛畫像 ————
尾端洞室
———— 巨角鹿洞廊

———— 巨角鹿洞廊

麝牛畫像 ————
頭骨洞室
———— 馬匹畫像（一對獅子）

洞熊骨骸 ————

希萊爾洞室

———— 貓頭鷹畫像

大型雕刻畫 ————

豹和洞熊掌印畫像 ————
———— 失落洞廊

熊窩洞室

大點洞室（掌印）

布魯內爾洞室

熊休憩處

現代入口（從上方）————

猛獁象微縮模型

舊石器時代
入口

———— 羊肚菌洞室

0 ————————— 30公尺

0 ————————— 100英尺

Brunel）和克里斯蒂安‧希萊爾（Christian Hillaire）在蓬達爾克（Pont d'Arc）上方的峽谷尋找史前藝術。該處是橫越阿爾代什河（Ardèche River）的一座天然陸橋。肖維意外在一堆明顯的落石崩塌處看見一條窄溝，並作出大膽決定，從那個小洞擠過去。他慢慢擠下那條神祕通道，落進地底一個之前沒被發現的洞穴。他的兩個朋友也迅速跟進。該處地面覆滿動物骨骸、斷裂的石筍，以及到處散落的殘骸碎片。在瞥見岩石上兩小條紅色的平行痕跡後，布魯內爾突然喊道：「他們到過這裡！」三人帶著訝異心情抬起頭，看見圍繞四周的牆壁布滿上百幅清晰畫作，描繪和雕刻的主要是陌生難解的謎樣動物。

由於自身的專業經驗，即使在這個時刻，三人仍清楚意識到自己剛成為千年來第一批親眼目睹世界已知最古老洞穴壁畫的人。這些壁畫——後人記錄下最少有1000幅——透過放射性定年測定為至少3萬年前，而且還可能更久。儘管結果某種程度上仍具爭議，但後來將同樣在肖維洞穴（這個洞穴如今這麼稱呼）找到的熊骨進行測定後，預估年齡約落在29,000到37,000之間，支持了一開始的分析。

由於壁畫採用了精緻的風格和技巧，包含利用穴壁的凸起處和大小不同的動物以製造景深，用色更十分豐富。套用法國文化部的話，這個發現「推翻了藝術初次出現及其發展一般公認的想法」。它迷人的地方在於描繪的動物——推測是由住在這裡的奧瑞納人（Aurignacian）所繪製——和典型見到生活在洞穴內的動物截然不同。儘管歐洲其他地方也能看到標準馬和野牛，繪畫中至少半數動物皆非這塊大陸的常見種類，包含猛獁象、獅子、鬣狗，甚至犀牛。牠們因畫作被重新賦予生命，成為對失落世界的驚鴻一瞥。那是這些危險的野生動物能自由在歐洲大地漫遊的時代，遠在我們的祖先使用改良過的狩獵技巧，使牠們從這片大陸絕跡之前。

悲傷的是，我們從經驗中得知，容許大眾旅遊業進入這些獨特且脆弱的空間，正是毀滅其特別之處最快的方法之一。拉斯科（Lascaux）和阿爾塔米拉（Altamira）同樣是公認史前藝術特別豐盛的洞穴區域，各自位於法國南部的多爾多涅，與西班牙北部的坎塔布里亞，現已不再對外公開——可是那已是在數十年後，該處的無價作品早已受到觀光客帶進的二氧化碳、熱氣和溼氣造成久遠損壞。被肖維挖通的落石處原本能多保護蓬達爾克的畫作兩萬年或更久。然而，暴露於外在環境的溼氣和空氣組成，外加不斷到來、越來越多的專家和研究者，也威脅著將造成不可挽回的損傷。由於該項發現實在太過稀有、太價值連城，實在不能對一般大眾公開肖維洞穴，於是ERGC組織（Grand Projet Espace de Restitution de la Grotte Chauvet，肖維洞穴復原區計畫）和Google攜手合作，精確再造洞穴全貌及其中的畫作細節，讓訪客得以用虛擬方式進入洞穴、獲得體驗。

肖維洞穴四壁的風格豐富，讓我們對各種藝術技巧發展的看法，有了革命性的改變。
→

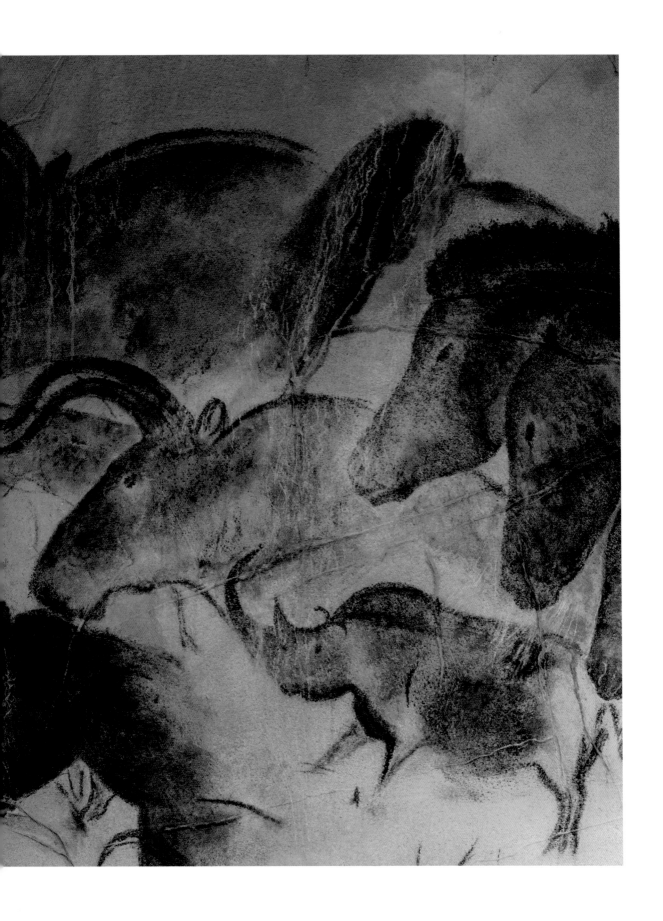

代林庫尤
Derinkuyu

曾居住兩萬人的廣大地下城市網絡

土耳其

N 38° 22′ 31″
E 34° 44′ 01″

電影史上所有壞人都說：你可以逃，但你躲不了。然而卡帕多奇亞（Cappadocia，現今土耳其）的過往居民可能會持不同意見。當地平線另一端的戰事襲來，他們會前往地下，像撤退到兔洞的兔子那樣倉促逃亡。一旦進犯的大軍抵達現場，眼前除了一座廢棄鬼城外空無一物，城郭由一堆令人疑惑且似乎無法穿透的洞穴組成，彷彿上千人就此消失在塵土之中。

卡帕多奇亞的地貌擁有令人困惑的特性，分割自然和人造事物間的界線變得模糊難分。中部安納托力亞（Central Anatolia，托魯斯山脈〔Taurus Mountains〕以北）似乎有著性質上截然不同的景色。透過百萬年的火山噴發，古老的湖水被蓋上一層又一層的火山灰，陸地最終冷卻成一片深達幾百英尺、柔軟多孔的岩石，稱為「凝灰岩」（tuff），上面再覆蓋冷卻成堅硬玄武岩覆蓋物的熔岩。所謂的精靈煙囪（fairy chimneys），就像隨意從一塊朽木伸出的釘子一樣從地面凸出。它們是周圍的陸地風化、不支崩塌後留下的凝灰岩柱，有些高達40公尺，個個頂上都有屬於自己的小蘑菇狀玄武岩帽。

格雷梅國家公園（Göreme National Park）於1985年被收入聯合國世界遺產，卡帕多奇亞能被納入其中的原因之一，正是這獨特的地質狀況。不過那只是表面而已，深往地下的詭異程度更甚。卡帕

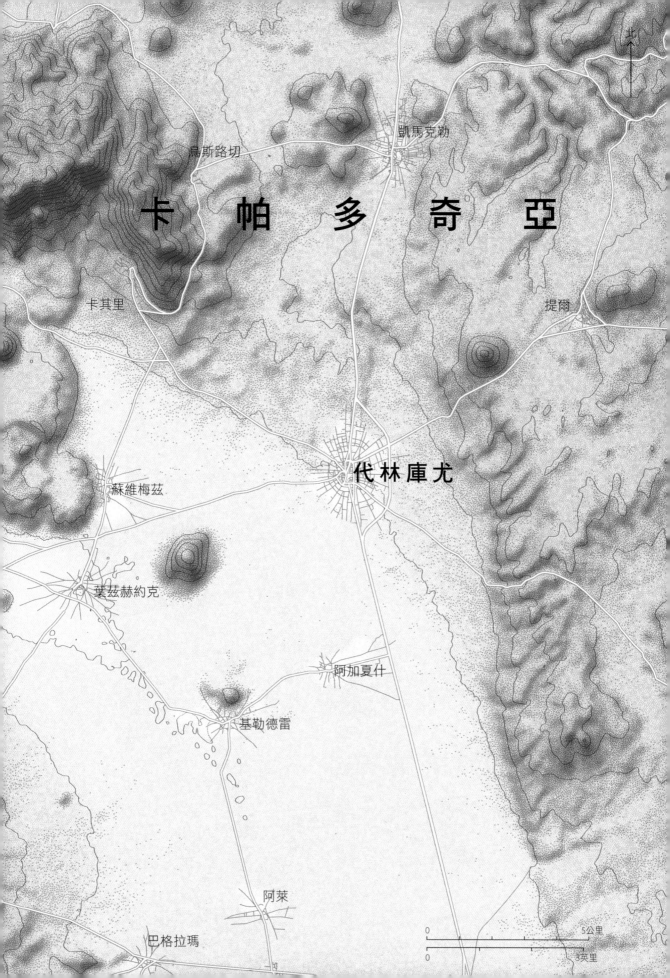

北

卡 帕 多 奇 亞

凱馬克勒

烏斯路切

卡其里

提爾

代林庫尤

蘇維梅茲

葉茲赫約克

阿加夏什

基勒德雷

阿萊

巴格拉瑪

0　　　　　　5公里

0　　　3英里

多奇亞內含250個驚人的地下城鎮（可能更多），是人類徒手從火山留下、高可塑性凝灰岩岩層挖掘出來的。

這些城市中最大的是代林庫尤。據推測，1965年前尚無人發現，直到地面有個居民敲掉自家的一面牆，發現一個通往底下巨大迷宮的入口。（代林庫尤字面上的原意便是「深井」。）一旦開鑿，代林庫尤就顯露出有如螞蟻農場那樣密密麻麻的隧道構成，最深延伸至地表下85公尺，高度約等同大笨鐘或自由女神像，並涵蓋超過18個地下層。包含巨大的儲物空間、學校、教堂，甚至設備完善、釀造紅酒和啤酒的地下酒廠，其水源供給來自底下奔流的地下河。

樓層間以巨大的垂直通風井接通，部分功能是作為讓居民能取得新鮮用水的井，其他則是為了讓樓層間能方便溝通。為了克服無盡的黑暗，亞麻仁油燈可照亮洞穴，並提供些許溫暖。據估計，代林庫尤曾是超過2萬人的家園。

然而住在地下的不只人類。有些特殊洞穴是為了讓家畜和主人一同住在隧道才開挖，包含讓馬匹住的大型馬廄。居民甚至在牛肝中加入石灰，設計出加速有機廢棄物分解的方法，好處置巨量的人類和動物排泄物，以免它們充斥隧道。甚至還有更毛骨悚然的發想：隧道中有暫時的地下墓穴，能夠儲藏逝者的屍體，直到情況安全，可以回到地面，為他們舉辦適當的葬禮。

這個區域向來承受著一波波歐洲往中東（或相反方向）外國侵略者的攻擊，居住在此地，就像被捲入惡水的小船，不請自來的敵人是卡帕多奇亞居民時常必須面對的煩惱。也許，創造代林庫尤和鄰近都市的是西臺帝國，亦即約3,000至4,000年前統領該區的前現代人。據信他們挖出了有些粗糙的第一個上層空間，作為抵禦弗里吉亞人（Phrygians）之輩、野心滿滿的侵略者的簡陋防禦。

最後，西臺從歷史中退位，徒留卡帕多奇亞被亞述人、波斯人以及其他族群輪番掌控，每個文明都比前一個挖得更深。拜占庭約

代林庫尤隧道截面，延伸達地表下85公尺。

安納托力亞地形上的
天然洞顯示能在其中
找到驚人的居住地。

在6世紀控制了該區，大大擴展代林庫尤的隧道，挖得更深，打造更專業、形狀長方又平順的下方地層。拜占庭人堅定不移地從腳下開挖，以期在面對阿拉伯數世紀的侵略時能夠存活，同時設計一連串中世紀的招數、陷阱與路障，阻擋潛在的攻擊者。

首先，代林庫尤巨大共用廚房的土爐煙囪故意造得歪曲，鑿出來釋放煙氣的孔更遠在1.6公里外的地面，才不會洩漏城市真正的位置。如果侵略者真的找到入口，他們會被逼著通過細窄低矮的隧道，不得不屈著身體、甚至匍匐在地。隧道能容納巨大輪子，可滾到入口、阻擋出入，將侵略者困在裡面。

輪子上的小洞可讓防衛軍在安全的另一側持矛攻擊對手，而安裝在頭頂上方的管子將會淋得對方一頭滾燙熱油。一條現已崩塌的隧道更足足延伸了10公里，連結起代林庫尤和附近的凱馬克勒地下城（Kaymakli）。那是估計居住了15,000名居民的城市，並提供潛在的逃脫路線。這些設計精巧的陷阱和備用策略使代林

庫尤上千居民得以在地下世界安全生活數週，如果有必要，好幾個月也行。

　　2013年，一名建築工人在附近的內夫謝希爾區（Nevşehir）進行建築物拆除作業，發現了通往更深地下的未知隧道，並且發現一座全新的地下城市。有巨大的教堂、廚房、釀酒廠，搾亞麻油的設備等等。據推測，這個新城市的規模也許能和代林庫尤相比，甚至超過。大學的地球物理學家測量了該地區，並估計它下達113公尺，遠比代林庫尤更深。卡帕多奇亞的謎團仍在持續揭開各種祕密。

設計精巧的陷阱安裝
在進地下城市入口，
以便在遭到侵略時確
保安全。
↓

秦始皇陵
Mausoleum of the First Qin Emperor

由上千兵馬守衛
至今未開封的墓穴

中國

N 34° 22′ 53″
E 109° 15′ 14″

　　咔喀。通過一連串印第安那瓊斯式的精妙陷阱後，他們的目標終於映入眼簾。神祕墓穴的核心就在這幽幽隱現的土窖之中，封閉超過了2,000年……直至今日。有條天然而且直接的路徑能讓勇敢無畏的開挖團隊前往目的地，強行打開墓穴。然而，當他們劈開陵墓的那一刻，團隊中的成員開始咳嗽，出現呼吸困難的情況。其中一人轉向其他人，雙眼又紅又腫。她一面顫抖，一面抓住胸口，對於突然產生的痛苦束手無策。整個團隊一個接一個倒下，每個人都咳出鮮血。即便過了2,000多年，仍有受害者遭到秦始皇陵的魔手。

　　以上事件並未發生，只是全然虛構，拿各種好萊塢風格的戲劇畫面零碎拼成。但是，如果在現實世界打開秦始皇陵，也就是中國秦代第一位帝王最後安息之處，情況大概相去不遠。在相當富饒的年代，秦始皇在位期間統一了廣大範圍中與之競爭的許多部族，一統中國。接著他開始建造長城、抵禦北方。這個國家的英文名稱China，就源自「秦」的音譯。

　　有些帝王要求擁有自己的私人軍隊，以保衛其安全和豪奢的生活享受；有些甚至在離開這世界後依然這麼期望，秦始皇就是如此。他於西元前210年逝世，當下開始製造兵馬俑，其數量上千，

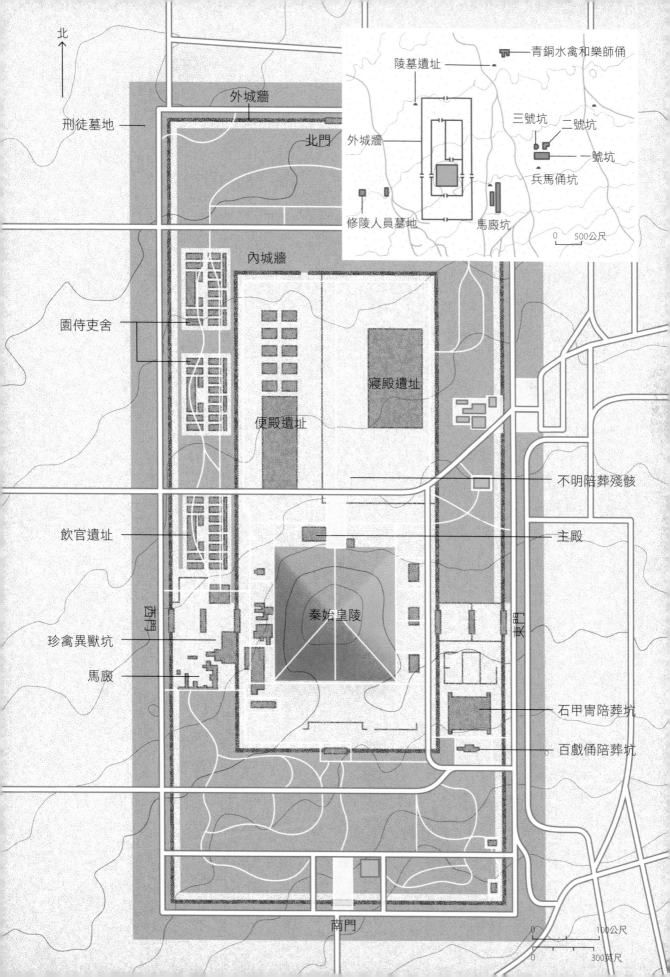

北

外城牆

刑徒墓地

北門

內城牆

園侍吏舍

寢殿遺址

便殿遺址

飲官遺址

不明陪葬殘骸

主殿

西門

東門

珍禽異獸坑

秦始皇陵

馬廄

石甲冑陪葬坑

百戲俑陪葬坑

南門

0　　　　100公尺

0　　　300英尺

陵墓遺址

青銅水禽和樂師俑

外城牆

三號坑　二號坑

一號坑

兵馬俑坑

修陵人員墓地

馬廄坑

0　　500公尺

為的就是在死後世界保護這名偉大帝王。打從1974年初次被鄉下農夫發現後，便出土了超過2,000尊土俑，而且據信仍有6,000尊埋在地下。這群貼身保鑣的數量可觀（雖然也包含諸如樂師和雜耍人等文官），這些令人印象深刻且莫名保存良好的「兵馬俑」——目前大眾通用的名稱——名氣甚至高過它們受命保護的偉大帝王。自從開挖出土後，許多兵馬俑踏上了巡迴展覽之旅。第一次的海外展出辦在1982年，澳洲墨爾本，隨後它們更前進世界各博物館展示，從雪梨到聖地牙哥、紐約到新德里、多倫多到杜林。

然而，當這群大軍沐浴在全球高知名度下，它們背後那人仍維持某種神祕狀態——又或者至少他的埋葬處是如此。嚴格說來，墓穴從未打開。由於咸認秦始皇陵是1930年代埃及圖坦卡門以來最重要的考古發現，政府當局針對此事採取極度小心的態度，希望從這次開挖，以及過往進行得太過拙劣的其他開挖中學到教訓。儘管從發現至今已超過40多年，他們仍在等待時機，耐心等候適當技術出現，再進行物理層面的進入，以獲知墓穴和圍繞其外的地下城市的重要線索。

陵寢的未知性之高，令人咋舌。墓穴本身高達76公尺，占地約172,500平方公尺（粗估兩座白金漢宮左右）。以容積掃描技術得到的部分3D影像顯示，其中有一個至少18個屋室的巨大庭院，上方聳立一座中央建築；推測應是秦始皇本人最終安息處。雖說這種墓穴可能已足夠巨大，和圍繞周遭的墓址一比卻相形見絀。總的來說，整個墓穴涵蓋一個約56平方公里的區域，是澳門面積的兩倍。打造這麼大一個地方，只為一名過世的帝王。

在考古層面主要的擔心原因，是兵馬俑其實代表某種嚴正警告，表示若有人意圖進入墓穴，將面臨貨真價實、必定致命的危機。比那些土俑士兵更可怕的可能是如假包換的陷阱設置，而且至今仍可能被觸動。

當地研究者的研究調查證實，墓穴附近區域偵測到極高含量

秦始皇在西元前210年下葬，帶著估計8,000個兵馬俑和僕役，以在死後世界保護他。
→

的水銀，並就此做出推測，認為可能有致命的水銀毒液等待著野
心滿滿的盜墓者。因此，儘管有各種技術，一探究竟的渴望只能
倚靠可率先進入墓穴進行初步分析的小機器人，確認這些假設究
竟多獵奇（又或者多不獵奇）。

　　這不禁使人想到當代的討論。我們該如何警示未來世代別去

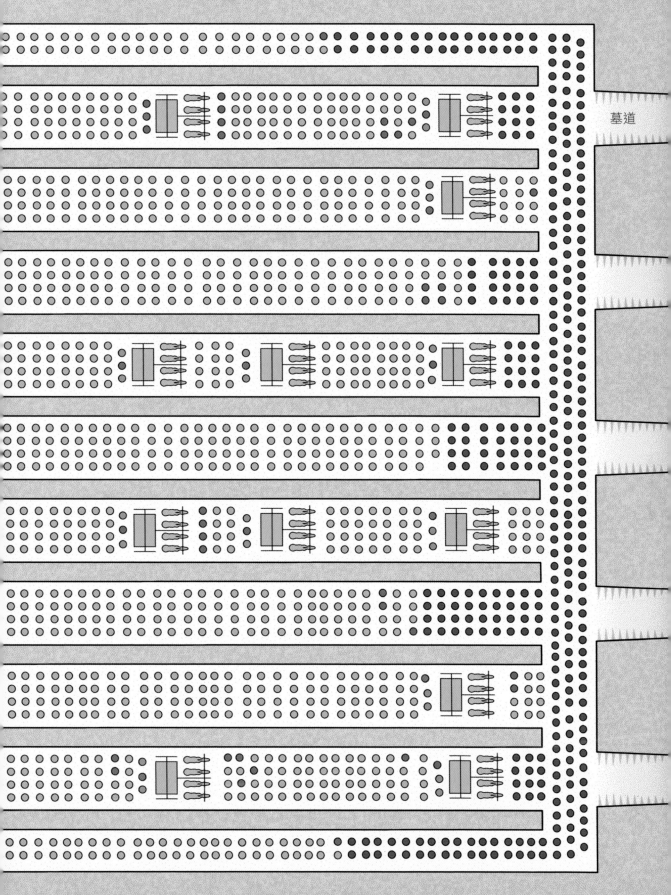

兵馬俑一號坑，東側位置

墓道

○ 著鎧甲士兵　　● 未著鎧甲士兵　　● 軍吏　　○ 御手　　● 將軍

干擾特定的埋葬地點？假使現行語言和符號最終都遭淘汰，現代社會該如何警告2,000年或更久之後的文明，不要打開某個封起來的地下儲藏空間。比如說裡面存放的是有毒核廢料、有毒礦物汙染源，或者毀滅性瘟疫殘留下來的病原體？建議做法包含融入帶有威嚇象徵的建築設計，如殘酷的尖刺，或將威脅感植入社會文化，打造、傳承帶有遏阻氛圍的歌謠和民間傳說。以上策略都有人提出過，並當成可能選項，以警告我們的子孫別去尋找埋起的特定危險源。然而，就如秦始皇陵的範例，也許人性堅持不懈的好奇心在在顯示，要人們就這麼丟著這些埋藏處不管，將永遠是個艱鉅的任務。

赫庫蘭尼姆古城
Herculaneum

因維蘇威火山爆發遭到掩埋
卻較鮮為人知

義大利

N 40° 48′ 21″
E 14° 20′ 51″

　　1709年，某間修道院坐落在里塞納（Resina），也就是拿坡里海灣沿岸某座城市，有個工人汗流浹背地在院子裡挖洞，這是要讓僧侶盥洗使用的一口井。令人吃驚的是，他發現了幾片大理石。他知道鄰近正在建造中的奢華別墅非常需要這種材料，所以提報給下令建造動工中別墅的奧地利親王。該名親王對這個發現興趣滿滿，下令挖開那口井，將裡面有價值的材料都拿出來。儘管外行又偶然，挖掘遭埋藏的遺跡的行動——赫庫蘭尼姆古城，消失在歷史上超過1,500年的城市——就此展開。

　　赫庫蘭尼姆古城之所以戲劇化地消失，原因眾所周知，雖然一開始是因鄰近發生的沉陷帶來的衝擊。西元79年8月24日，清晨的太陽亮晃晃在義大利升起，維蘇威火山爆發，一團厚重的雲層噴入天空，其組成是火山灰、岩石和其他殘骸碎片。「有時看起來是白色，有時顏色髒汙，端看裡頭帶有多少份量的土和火山灰。」一名目擊者如此描述，他就是口才出眾的知名羅馬作家小普林尼（Pliny the Younger）。在對那些雲朵的回憶錄中，他點出與松樹的相似之處。「它生出某種軀幹，攀升到儡人的高度，再裂開成許多分支。」

　　火山灰和浮石如傾盆大雨下在龐貝城，不及逃離的人別無選擇，只能接受和這一度富饒的城市相同的命運，被困在火山碎屑

掉落的範圍裡——簡單說，就是大半的城市。建築被擊碎，上千人殞命，許多人凝結在時間之中，維持著生命最終時刻採取的姿態，或恐懼蹲伏，或蜷縮成團。龐貝就此成為世上考古人類學最具象徵意義的遺址之一。

小小的沿岸市鎮赫庫蘭尼姆也經歷了相似的末日命運。當龐貝慢慢消失在一層又一層的火山灰下，同時間赫庫蘭尼姆，這個有如奢華度假名勝的地方，正處於熱鬧的節慶氣氛。然而它正好位於火山頂部噴出的強大火山碎屑流經路徑。熔岩流以接近每小時100公里或更高的速度流動，估計溫度至少達到攝氏520度。這條帶有熾熱氣體和火山物質的洪流將壓倒性地征服這個希臘人建起的渺小殖民地。僅幾分鐘時間，一度是繁榮派對小鎮的島嶼，在某個溫暖夏日，就此消失在維蘇威火山肆虐地中海沿岸帶來的破壞之雲裡。

赫庫蘭尼姆因此遭到抹煞，一點痕跡也不剩，從這些創傷事件存活下來的市民後代子孫的集體想像中遍尋不著。新移居者移入，在籠罩著維蘇威火山、遭人棄置的大地上建造發展。一座全新市鎮（也就是里塞納）渾然無覺地在掩埋著赫庫蘭尼姆殘骸地的上方展開。

18世紀早期的開挖改變了一切。對當地居民來說，發現所居住的街道下，竟然存在一座曾經偉大的沉睡廢墟，而且是被如今籠罩在自己頭上的火山力量毀滅，這實在太令人震驚。不過這也燃起一股慾望，令人想掀開土地，進一步窺探這個埋在居民腳下的古老世界。

150年間多少有零星開挖行動，發掘埋在赫庫蘭尼姆的祕密。可是直到1927年政府開始提供資金，才有對里塞納（20世紀中期重新命名為埃爾科拉諾，Ercolano）下方進行開挖的適當工程，挖入火山碎屑流造成的泥煤土之中。人們在地表下方深至18公尺處找到了一個世界，遭受的破壞沒有龐貝那麼嚴重。1,800年來，

現代建築

開挖地點邊界

德庫馬努斯・馬克西莫斯（東西向道路）

北

住宅區VI

住宅區V

住宅教區II

下德庫馬努斯

卡多III（南北向道路）

卡多IV

卡多V

住宅區III

住宅區IV

住宅教區I

鄰近郊區

西元79年時原本的海岸線

0   25公尺

0   75英尺

A. 奧古斯都神殿　　　　F. 大體育場　　　　　　K. 凹室之家

B. 公共浴場　　　　　　G. 體育場大廳　　　　　L. 馬賽克中庭之家

C. 美麗庭院之家　　　　H. 英才之家　　　　　　M. 城郊浴場

D. 炭黑家具之家　　　　I. 骸骨之家

E. 上廳　　　　　　　　J. 大旅店

↑
儘管消失蹤影近2,000年，赫庫蘭尼姆其實就塵封於維蘇威的火山碎屑流底下。

每樣事物都保存得十分良好。

　　他們發現了裝飾華麗的公共設施，諸如游泳池和運動場、木製家具、布料、醃漬食物和碳化的莎草紙卷軸，鉅細靡遺描繪出古代羅馬帝國的生活。起先，這裡並不像龐貝，只找到數量稀少的人類殘骸，看似大多居民成功跨海逃亡。可是最後仍發現了超過120個嚇到動彈不得的人類骨骸，表示上述假設可能不是真的。其中一個赫庫蘭尼姆人的腦子（咸信是一名看守人）被發現因遭高熱焚燒變成了玻璃。在考古學家眼中，是腦細胞玻璃化且保留下來相當罕見的例子。在像赫庫蘭尼姆的地方挖掘過往痕跡，確實可能挖出一些超乎想像的奇妙成果。

迷宮洞穴
Labyrinthos Caves

傳說中的希臘迷宮究竟在什麼地方？

希臘

N 35° 03′ 46″

E 24° 56′ 49″

　　一座龐大迷宮，深在地底；一名恐怖犯人，半人半牛，還有一個無疑能讓所有活物嚇到血液凍結的名字；一個殘酷主人，米諾斯國王、宙斯之子，他下令每9年必須送14名來自雅典的年輕人去餵他的囚徒。一名英雄，名叫忒修斯，是唯一有勇氣和怪物對戰、終結此暴政的人；一位公主，名叫阿里阿德涅，因其聰明才智，我們的英雄才得以平安返家。然後，也許在最後的最後，在真實世界中發生這件古老故事的地點，古希臘最具代表性的惡人將迎來血的結局。

　　這本書基本上不需要引入神話故事就夠黑暗了，但是米諾陶的迷宮，亦即這個神話地點的真正所在處──又或者不管啟發這個知名傳說的靈感究竟為何──才是真正點燃想像的事物。這個故事經歷千年時光考驗，留了下來，經年累月不斷進化，不過就形式而言其實有跡可尋，能夠一路回溯到荷馬的《伊利亞德》（*Iliad*，寫成於將近3,000年前），而且還有更早的可能。

　　20世紀早期，富有的英國考古學家亞瑟・伊凡斯（Arthur Evans）在克里特島克諾索斯鎮（Knossos）附近──推測正是寓言提及的迷宮所在處──發現一座遺跡宮殿。伊凡斯憑著一股初生之犢的誇大氣勢，號稱這裡就是米諾斯本人的宮殿，一手催生至今流傳超過一世紀的謠言。他表示，在這個地方某處，正是許

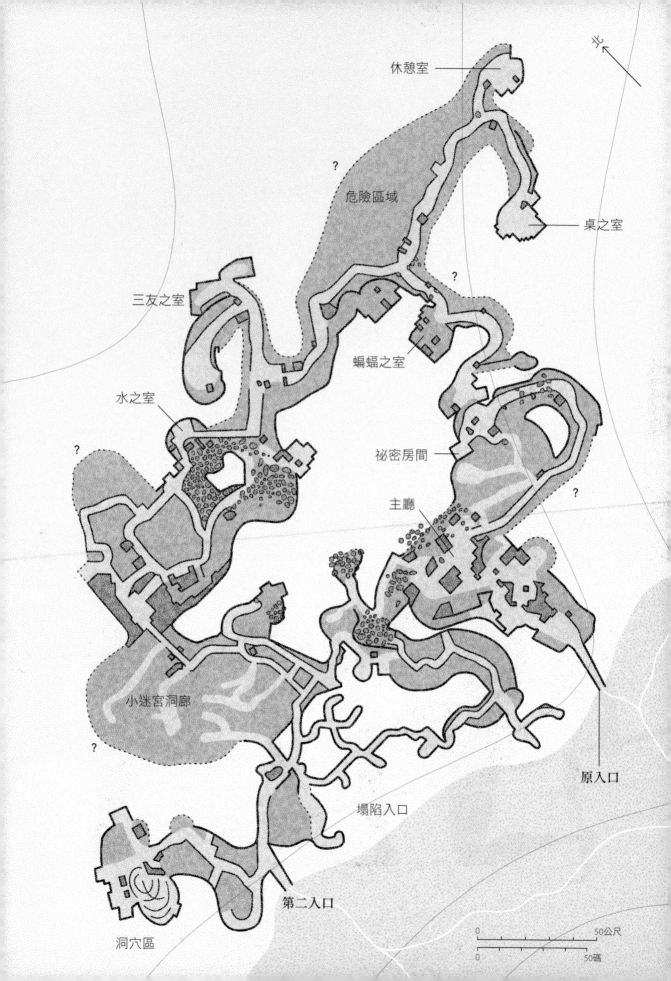

休憩室

桌之室

危險區域

?

三友之室

蝙蝠之室

水之室

?

祕密房間

?

主廳

?

小迷宮洞廊

?

原入口

塌陷入口

第二入口

洞穴區

北

0　　　　　　50公尺

0　　　　　　50碼

多雅典年輕人英年早逝、住著可怕公牛怪物的恐怖隧道。

　　觀光客紛紛上鉤，甚至在過了一世紀後，該處每年仍迎來多達60萬名訪客，個個都想親眼見識那座宏偉的宮殿，並帶著某種可議的態度，對腳下黑暗的地下墓穴反覆尋思。伊凡斯甚至對這個地點做了些改動，諸如使用人造的仿古木梁和壁畫重建宮殿，為他創造的觀光景點增添色彩和活力。

　　然而，就像忒修斯的出現，這故事仍有轉折。忒修斯帶著一團線球進入迷宮，以便在斬殺怪物後進行大膽逃脫。2009年，一支菁英學者團隊，由來自牛津大學的地理學家、歷史學家、地質學家和考古學家，再加上當地希臘洞穴學家社群一同進行研究，在跟著16世紀一幀威尼斯地圖的指引後，他們宣布結論判定，就算真實世界真有所謂米諾陶的迷宮，也不見得是在克諾索斯。

　　「對於伊凡斯表示克諾索斯的宮殿就是迷宮的假說，我們

應該抱持更多質疑，」遠征隊隊長尼可拉斯·霍華茲（Nicholas Howarth）在發表當時對媒體表示，「這個說法之所以在大眾想像中如此一面倒地流行，似乎是因為我們一廂情願地渴望相信過往故事，更勝考古或歷史層面的事實——此外，還結合了伊凡斯的個人魅力，以及他在學界中牛津『教師』的優勢地位。」

反之，另一個位於戈爾廷（Gortyn），名叫迷宮洞穴、較鮮為人知的前採石場，位在32公里外，也許是既有兩個選項中可能性較高的一個（先不說別的，很可能是因為名稱的關係）。這個錯綜複雜的地方包含至少4公里的隧道，數世紀來都被認為是迷宮的可能位址——在伊凡斯宣稱克諾索斯才是關鍵，使它像其他地方那樣遭人忽視之前。儘管專家找不到迷宮的確切證據，仍做出確定結論，表示這些隧道某種程度曾由人工建造並拓寬，正代表那是特別建來讓人類行走的誘人暗示。

迷宮洞穴的許多通道看起來像是蓄意截斷，有時甚至呈現直角。隧道內絕大部分很乾燥，而且大得能舒服行走，但有些「牆壁」根本只是亂七八糟扔做一團的石頭。二次大戰期間，德國儲放的火藥不小心觸發，洞穴入口因此損毀嚴重，更在洞穴的神話性上添加一筆。即便至今，這些殘存軍火仍成為想在洞穴附近亂晃的人揮之不去的威脅。

也許，這地方某處確實有進入迷宮的方式，又或者根本在別處。甚至，這只是地下世界想留給自己的祕密，是拒絕屈服於當代觀察研究的傳奇故事。「我認為每個遺址都有資格稱為神祕迷宮的所在，」霍華茲表示，「但說到底，總會有些問題，是無論考古或神話都無法完美回答的。」

希臘的忒修斯與米諾陶寓言遠發生在千年之前，而且靈感可能來自真實世界某處。
←

特諾奇提特蘭
Tenochtitlan

從地下出土的古代阿茲特克城廢墟

墨西哥

N 19° 26′ 00″
W 99° 07′ 55″

崩塌的白牆，一塊塊混凝土就這麼隨意扔在一塊兒，城市殘骸無法無天。這條市中心的街道似乎和墨西哥其他街道並無二致——意思就是，除了地面一個張開血盆大口的洞，路面就像被巨大麵包刀在倉促間亂砍一通。

一排排新聞記者和攝影師站在一側，全部往下看進坑中。勞爾·巴雷拉（Raul Barrera），「墨西哥國家人類學和歷史學協會」的考古學家正在裡頭吸引眾人目光。許多人堅持不懈地專注於他字字珠璣的談話，同時有更多好奇的目光飄往列放他身後、就位於肩膀後方的工藝品。

這也非常合情合理，因為巴雷拉和其團隊正在揭開他們偉大的最新發現——奉獻給阿茲特克風神埃赫卡托（Ehecatl）的儀式用球場及埋起的神廟，年代可追溯回阿茲特克帝國。該處距離憲法廣場（Zócalo plaza）僅幾公尺，位於城市最中心，直到附近的旅館決定著手對數世紀來無人打擾的位置進行重新修繕，才得以重見天日。

墨西哥城有2,100萬人，27棟摩天大樓和12條地鐵線，是世上最壯闊的百萬人口都市之一。但它也是座有著不尋常過去的城市，直接建在祖先埋起的殘骸上。當西班牙人埃爾南·科爾特斯（Hernán Cortés）在16世紀初抵達現代墨西哥時，他和他的征服

特尼尤干堤道

特皮亞卡堤道

北

維斯那瓜

阿提貝拉

特斯科科湖

索提曼加

特拉特洛爾科

大市場

內斯提蘭

阿薩庫而可

特拉卡班堤道

特諾奇提特蘭

大神廟

蒙特蘇馬宮殿

摩里優蘭

佐基亞潘

米蘇卡

特拉卡提可堤道

薩卡達拉曼可

阿輝輝特蘭

伊斯塔帕拉帕堤道

| 0 | | 3公里 |
| 0 | | 2英里 |

者同伴被帶去晉見當時的帝王蒙特蘇馬二世（Montezuma II），並因此深深沉迷於阿茲特克首都特諾奇提特蘭的壯觀景色。

特諾奇提特蘭1325年由墨西加人（Mexica）創建於特斯科科湖（Lake Texcoco）中央兩座小島上，很快成長擴張到整座湖，並透過許許多多橋梁和街道與大陸連接。同時，墨西加人和其他文化聯盟，發展成繁盛的阿茲特克文明。這座湖上城市的街道至少散布78座神廟（甚至很可能高達上百座），此外還加上住屋、學校，以及估計約40萬居住人口所需的其餘必要設施。「當我們看見那些建造於水上的城市與村落時……實在是震驚不已。」征服者貝爾納爾·迪亞斯·德爾·卡斯蒂略（Bernal Díaz del Castillo）在他的著作《征服新西班牙信史》（*The Conquest of New Spain*）中如此描述。「這些從水中聳起的宏偉市鎮和（禱告室）與建築，全由石頭做成……我們之中有些士兵不禁要問，這究竟是不是一場夢……它實在太令人驚豔，我甚至不知該如何描述這些前所未見、過往也從未聽聞或夢到的事物。」

西班牙官方文件紀錄表示，蒙特蘇馬自願將特諾奇提特蘭和整個帝國送給科爾特斯，其後發生的幾起暴力事件（其中一起奪走了帝王的性命），只是針對阿茲特克游擊行動做出的勇敢反擊。然而許多歷史學家都質疑，這個版本的說法只是想和諧掉最終讓西班牙征服者得到這座代表性城市的衝突。

無論是哪一個，一旦西班牙人徹底掌控這座城市，就在1521年著手創建一個全新市鎮，直接建在特諾奇提特蘭現存的基礎建設上頭（許多直接使用阿茲特克帝國的石材），打造閃亮新世界的首都。墨西哥的國家宮（National Palace），同時也是現任總統住處，就座落在蒙特蘇馬的古老宮殿上方。更甚，點綴城市中心、宏偉的墨西哥城主教堂座（Metropolitan Cathedral），從1573至1813，耗費近兩個半世紀才建造完成，其建築風格充分混合文藝復興、巴洛克和新古典主義——基本上就建在大神廟（Templo

北

墨西哥盆地大約1519年

半鹹水

淡水

孫潘戈湖

沙爾托坎

夸奧蒂特蘭

沙爾托坎湖

特奧蒂瓦坎

吉哥諾德拉

阿科爾曼

瓜達露佩山脈

埃卡堤佩

特斯科科

阿斯卡波察爾科

阿薩庫克

特斯科科湖

輝索拉

特拉科潘

特諾奇提特蘭

查普爾特佩克

內薩瓦爾科約特爾水堤

墨西哥城

科約阿坎

庫爾瓦坎

伊斯塔帕拉帕半島

索奇米爾科湖

查爾科湖

索奇米爾科

查爾科

墨西哥城大約2020年

—— 墨西哥城市區域

—— 特斯科科湖剩餘部分

0   20公里

0   10英里

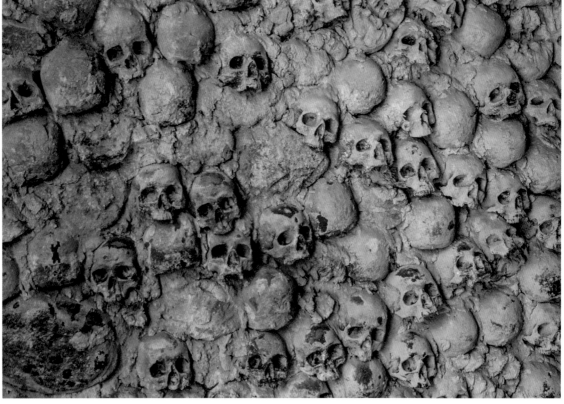

Mayor）的同一個地點，亦即阿茲特克人視為世界中心的阿茲特克大神廟。1978年，電工人員在經過5年的開挖，偶然找到一根古老的巨石柱，結果發現它是一度壯大的帝國的腐朽殘骸。

近來，城市古老部分的所有地下維護作業，包含水管到電纜線，都需要國家人類學和歷史學協會的監督。而在埃赫卡托神殿的出土所示，古代遺跡不斷浮現。不到一個月，附近發現了另一座驚人的阿茲特克遺跡——人骨塔，男人、女人和小孩，數量超過650人。據信是獻給維齊洛波奇特利（Huitzilopochtli）的祭品，亦即太陽和戰爭之神。

然而，近來墨西哥城的各種寶藏卻是因為頗為不幸的現象才出現：永續情況（subsistence）。在盆地剩下這些吸飽水的物質上建造百萬人的城市，這座重要的歷史古城的下沉之勢似乎在預期之中（大量抽取地下水供給城市需求，反而幫了倒忙）。即使每年平均下降率只有約6公分，部分建築卻更為劇烈地滑陷到黏土層裡，最高每年可達40公分，使許多古蹟遺產建築產生明顯的傾斜。前述教堂便正經歷這種未來可能成為災難的下降，亟需施行能終止該問題的大規模穩定計畫。

然而，雖說永續情況可能會變成城市當局的最大問題，就考古學家來說則是意想不到的好運。只要出現裂痕，說不定就能打開通往未發現寶藏的道路。現代技術的採用，諸如地下雷達探測和3D掃描，使得位於殖民遺跡底下的文物和廢墟得以看見、分析。最終，科爾特斯等人試圖埋藏到永遠的特諾奇提特蘭歷史，說不定終有一天能重新浮上檯面。

現代墨西哥城將阿茲特克帝國的中心特諾奇提特蘭當成地基，建築於其上。
←

這座上百頭骨組成的塔是從城市街道下方挖出的遺跡，據信皆是人類獻祭品的犧牲者。
←

地下水宮殿
Basilica Cistern

沉陷在伊斯坦堡街道下的宏偉宮

土耳其

N 41° 00′ 32″

E 28° 58′ 40″

皮特魯斯・吉留斯（Petrus Gyllius）是一名學者，熱愛找尋周遭各種怪奇問題的解答。1545年，他探訪偉大的拜占庭帝國首都君士坦丁堡，這名充滿好奇心的旅人被城市居民流傳的奇怪謠言引起興趣：在鹹鹹的馬摩拉海（Sea of Marmara）岸邊，位於愛琴海與黑海之間，在地下室以下位置的洞裡能裝到一桶桶淡水。更了不起的是，桶中有時會出現淡水魚，有些當地人甚至會放線下釣鉤，抓魚當晚餐。對於皮特魯斯這樣一名魚類學家兼風土地志學家，這種謎團當然讓他心癢難耐。挖了其中一個地下室後，他除了速寫本和火把，還帶上其他工具，發現了藏於街道下方10公尺的壯觀地下構造。這裡可以看到神祕的魚類在巨大人工湖中四處悠游，周遭圍繞上百根高聳大理石柱，一路延伸至上方的拱形天頂。

這座令人驚豔的建築建於西元532年，按照查士丁尼大帝一世（Emperor Justinian I）的命令建成，其目的是要儲存淡水以供應他的莊嚴聖殿，也就是至今仍占據伊斯坦堡天際線的巨大圓頂教堂，聖索菲亞大教堂（Hagia Sophia）。一切多虧了估計7,000名奴隸的辛勞，完成占地9,800平方公尺的儲水池——比國際足球場還大——坐落在現已拆除的教堂拱廊（Stoa Basilica）下方。

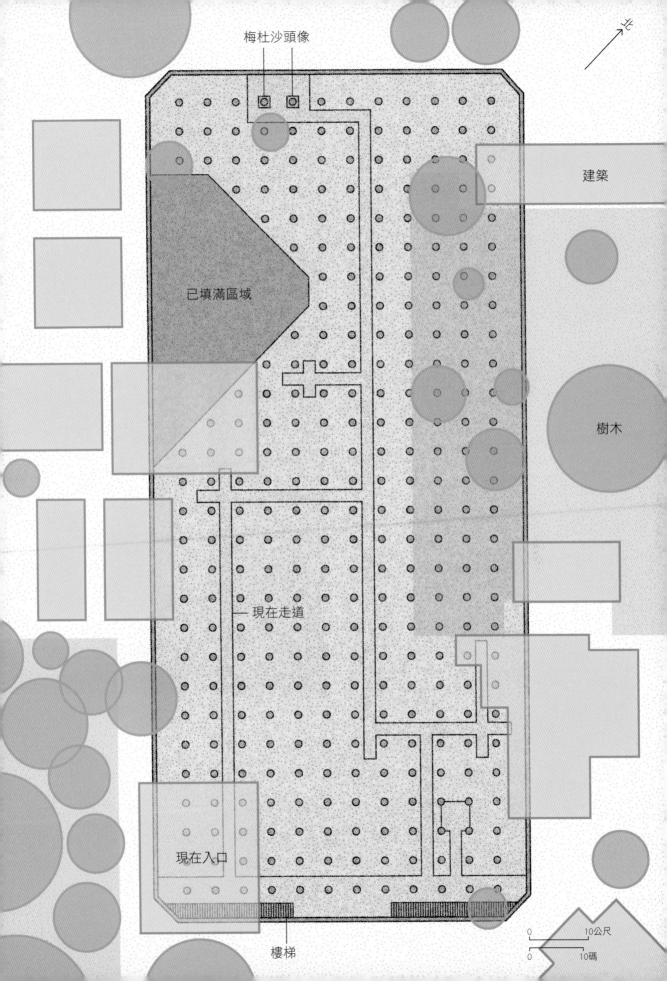

梅杜沙頭像

建築

已填滿區域

樹木

現在走道

現在入口

樓梯

北

0 10公尺
0 10碼

→
雄偉的大理石柱點綴
君士坦丁堡（現在的
伊斯坦堡）下方最大
的儲水池。

　　由336根排成一列列的柱子支撐，每根9公尺高，回收利用前
羅馬廢墟遺留下來的大理石材材料建造，內部儲水池由20公里長
的導水道引水填滿。若裝至最高容水量，將高達近80,000立方公
尺，約30個奧運尺寸的游泳池，足以填滿倫敦皇家阿爾伯特廳。

　　地下水宮殿可能是該時期建在君士坦丁堡下至少30個儲水池

中最宏偉的一個。這些池子大小各異，卻個個有同樣令人難忘的壯觀氣勢，強壯的外部防禦牆，高聳的拱形穹頂，反映帝王對這些水資源的重視程度。由於當時仍持續不斷有來自侵略者的攻擊威脅，以及不懷好意的野蠻民族或敵對軍力，試圖切斷自然水源供應，這些儲水池讓君士坦丁堡的居民得以握有數月的乾淨水源。

君士坦丁堡經歷變遷——1453年，穆罕默德二世（Sultan Mehmed II）和他的鄂圖曼帝國勢力在長達兩個月的圍城後最終殞落——成為現代化的伊斯蘭大都市，是富饒的鄂圖曼帝國中心，見證城市的激烈改變，諸如富麗堂皇的教堂重新變換用途，轉為清真寺。不過查士丁尼寶貴的儲水池待遇就沒那麼好。城市的新居住者對這種沒在流動的濁水沒什麼興趣，任憑它們逐漸淪為廢墟。因此，當吉留斯終於踏入這個遭到遺忘的儲水池，見到的是一個裝滿廢棄物殘骸、野生鯉魚甚至屍體的地方。

不過，此時距離教堂和其他儲水池的重建再生仍有數世紀之久。儘管最初各自在18和19世紀有過重建的意圖，地表上城市成長的同時，這些輝煌建築仍遭放置，逕自惡臭衰老。一直要到1985年（在這座城市改名為大家更熟悉的「伊斯坦堡」數十年後），這個富有歷史意義、位居地下的城市才終於修復、再度注入活力，並在兩年後重新對大眾開放。現在它是伊斯坦堡首屈一指的觀光勝地，歡迎訪客前來，從地表走下52級階梯，一窺Yerebatan Saray——也就是土耳其文「沉沒的宮殿」之意。

其中蘊藏諸多令人敬畏的寶藏裡頭，還有位於兩根柱子基底的石製梅杜沙頭像。她是滿頭蛇髮的希臘怪物，能將人變成石頭（真是諷刺）。其中一尊梅杜沙側躺，另一尊則完全倒了過來，讓我們得知，這些羅馬時代的建材對於建造儲水池之人而言，只不過是某種毫無意義、可隨興置換的積木。這座儲水池甚至躍上大銀幕，出現在大預算的好萊塢改編電影背景中，如龐德的《第七號情報員續集》（*From Russia with Love*）與丹布朗的懸疑電影《地獄》（*Inferno*）。對一個消失於世好幾世紀的隱藏儲水池來說，確實是個出乎意料的轉折。

顛倒的梅杜沙頭顱成為兩根引人注目的柱子的基底。
→

象島石窟
Elephanta Caves

滿是驚人雕像的地下神殿

印度

N 18° 57′ 45″
E 72° 56′ 00″

　　雖然那不過是一句話，但話說回來，由這名博學多聞又有獨創性的李奧納多・達文西寫下的一切，都值得數世紀來的專家投身鑽研。「商人安東內洛（Antonello the merchant）的印度象島地圖」，他曾在那些知名筆記本其中之一草草書寫。句中提到的安東內洛身分目前依舊成謎，但是不管他是誰，似乎都以這份印度地圖的資訊引起這名偉大義大利思想家的興趣。當時──亦即16世紀早期，因為一條新發現的海路，使歐洲能更輕易到達這個國家，為佛羅倫斯和米蘭野心勃勃的商人鋪路，踏上來回其間的航行、搜刮財富。

　　然而，此處提及的「象島」我們都非常熟悉。它是指象島上大批徒手挖成的驚人洞穴神殿，該島是印度孟買（Bombay，後改為Mumbai）離岸10公里數個海港小島之一。最先在2世紀左右有居民，神殿在5到8世紀間某個時期由印度教僧侶在玄武岩山腰掘出，用以供奉溼婆神，印度教主神之一，為司掌毀滅與再生之神。主神殿為5,000平方公尺的建築結構，由配置成曼陀羅狀的長型廳堂組成，牆上更以各種各樣雕刻精細的飾板增色。三面的薩達希瓦（Sadashiva）雕像位於洞穴神殿內部，同時展示出溼婆兩面又兩極的特性（外加第三張臉，中立的面孔）。那是印度教中心訓誡的表現形式，亦即生命是一個循環，毀滅後接著新生，反之亦然。

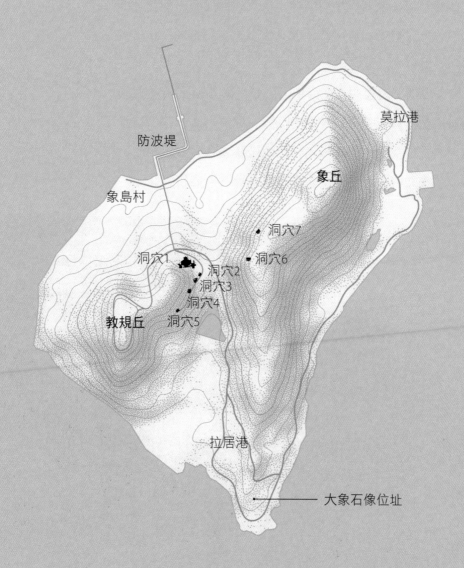

北

防波堤

莫拉港

象丘

象島村

洞穴7

洞穴1

洞穴6

洞穴2

洞穴3

洞穴4

教規丘

洞穴5

拉居港

大象石像位址

阿 拉 伯 海

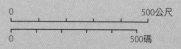

0　　　　　　　　　　500公尺

0　　　　　　　　　　500碼

當葡萄牙殖民開拓者在16世紀來到這裡，賦予其Ilha Elefante 之名，也就是「象島」，代表聳立在該處令人印象深刻、等身大小的大象石像。前述提及的大象隨後重新安置到孟買。雖說因為搬移團隊的疏失，途中石像摔壞，甚至嚴重到需要精確修補。而今它有著肉眼可見、重新焊接的痕跡，以及某種程度的落魄，擺在重新命名後的孟買市一座大眾花園，吉賈馬塔烏迪恩（Jijamata Udyan）之中。

歷史學家表示，大象的不幸命運不過是葡萄牙殖民者在占領期間，對神殿做出數起文化破壞其中一例，據信，他們在1534年獲得這座島的控制權後，不僅為了好玩而破壞許多雕像的部件，還毀損曾受敬重的古蹟，偷走一尊具象徵意義的重要石頭銘刻，

壯觀的象島神殿刻入島嶼的玄武岩基岩上。
↓

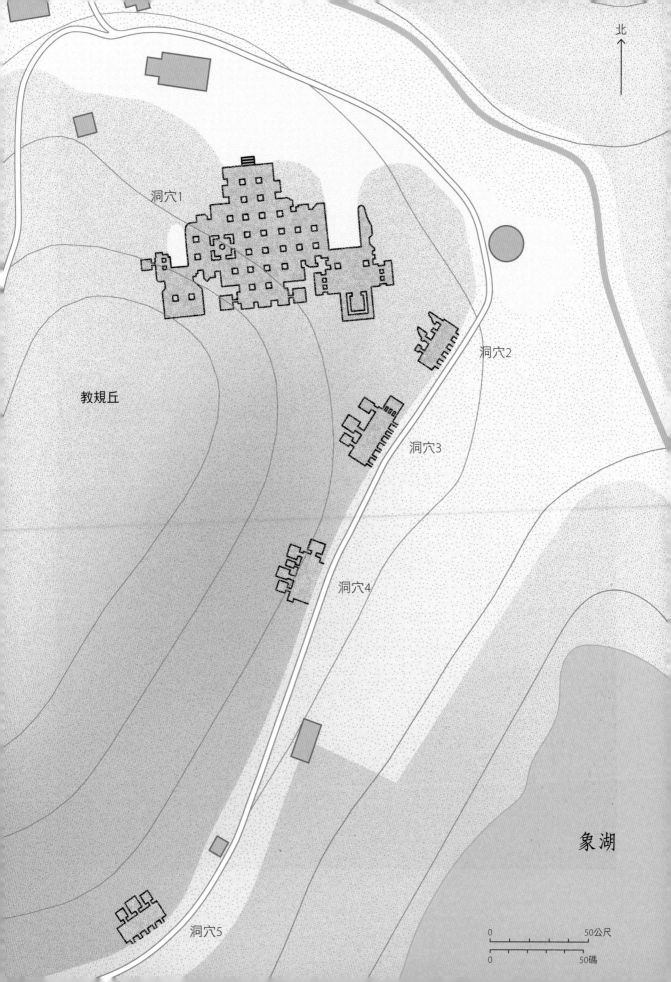

北

洞穴1

教規丘

洞穴2

洞穴3

洞穴4

象湖

洞穴5

0   50公尺

0   50碼

←
神殿內找到了大量雕像，然而數世紀來，有許多雕像外表遭到嚴重損毀。

此後在歷史上再也無法尋回。儘管殘存的雕像仍是受到高度歡迎且令人難忘的景觀，現實中廣泛認為，它們不過是500年前這裡能找到的事物的殘影。

來到20世紀晚期，當局終於決定將這些洞穴清理乾淨，意圖讓它們和內部神殿恢復到先前的壯觀樣貌。對許多來自各國的訪客而言，象島與它令人印象深刻的洞穴只是如詩如畫的觀光景點，可是在印度5億以上的諸多印度教徒心中，也許更類似一趟小規模的朝聖之旅。不只是為敬拜踏上旅程，更具有教育意義，目的是教導信仰，更貼近原來建造者的意圖。

不幸的是，近年這座島嶼遭遇大雨及隨之淹起的洪水，也許預示了接下來會發生些什麼。彷彿上百年來的長期忽視還不足夠似的。肇因於象島位於阿拉伯海邊緣的危險位置，聯合國教科文組織將它列為未來最受海平面上升衝擊的上百世界遺址之一。新生之後迎來毀滅，這循環將持續下去。

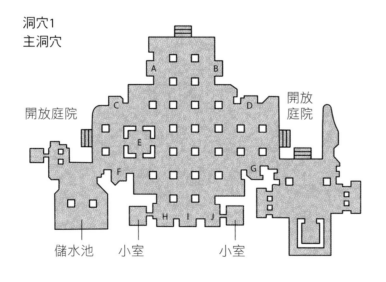

洞穴1
主洞穴

A
B
C
D
E
F
G
H I J

開放庭院

開放庭院

儲水池　　小室　　　　小室

古蹟

A. 那吒羅闍溼婆
B. 溼婆神化身拉庫利薩
C. 消滅黑暗之溼婆
D. 凱拉薩下的羅波那
E. 溼婆聖壇
F. 溼婆與雪山神女之婚禮
G. 雪山神女冥想之姿
H. 承接恆河之溼婆
I. 大天
J. 溼婆半男半女像

庫姆蘭洞穴
Qumran Caves

死海古卷的藏身處

以色列

N 31° 44′ 43″

E 35° 27′ 33″

在死海西北岸的一個開鑿行動，可能將前所未見的神學寶物帶到陽光下。2017年，在這個名叫庫姆蘭的區域，「古卷行動」（Operation Scroll）正在進行中。他們費盡千辛萬苦想找到學術界未知的洞穴，期盼能在其中找到許多無價之寶。這趟開挖已發現一個藏有許多燧石刀和箭頭、可定年至新石器時代的洞穴居，暗示該處最初有人居住至少是在4,000年前，甚至可能超過10,000年。但是這並不是開挖洞穴者的原始目的。他們的全副注意力反而被一個剛發現的罐子吸走，裡面裝了毫髮無傷的羊皮紙古卷。在興奮之中，這個樣本被急忙拿去附近的希伯來大學進行分析。有沒有可能，這會是該區60年來最大的考古斬獲？

看第一眼，其實沒有太多線索能顯示出庫姆蘭洞穴的獨特，或在歷史上有著特別重要性。不過是岩石上一個小開口，埋在到處石頭上都有小開口的地形下方不被看見。這些洞穴主要的組成是黑暗、乾燥且荒蕪的空間，存在一個時間緩慢走動到令人難以理解的世界，生命的步調有如被暖風吹送的荒漠沙塵那樣飄飛，除非經過的人想像力夠強，才會覺得這些平凡洞穴將在20世紀中期吸引國際關注。

1947年，貝都因牧羊人途經庫姆蘭尋找一隻走失的羊。他們

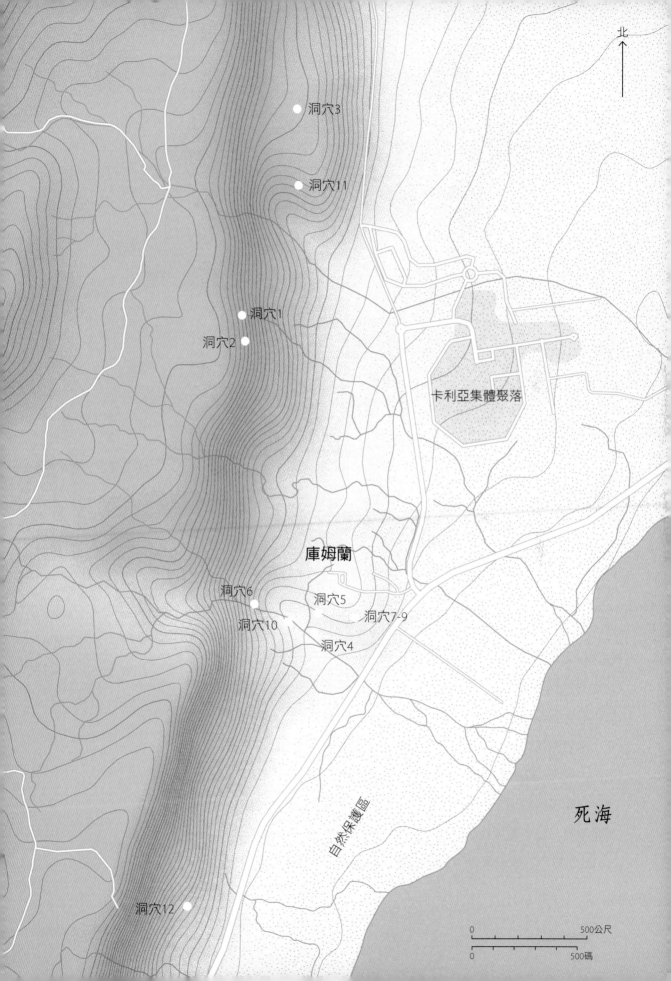

北

洞穴3

洞穴11

洞穴1

洞穴2

卡利亞集體聚落

庫姆蘭

洞穴6

洞穴5

洞穴10

洞穴7-9

洞穴4

自然保護區

死海

洞穴12

0   500公尺

0   500碼

被一個洞穴入口吸引、走了進去。迎接他們的是大量奇怪物品，包含用皮革和銅製品綁起的莎草羊皮紙。他們的發現公開後，正式的開挖行動便在1949年展開，並且在接下來超過10年的時間，於庫姆蘭區域分別找到11個洞穴據信也曾擁有類似的羊皮紙。然而，這場開挖來得太晚。等到專家來到現場時，找到的大多是顯示洞穴如何遭洗劫得一乾二淨的證據。雖然一些剩下的物品如陶器和空罐被搶救下來、拿去研究，但遺跡遭到徹底掃蕩的事實是無庸置疑，許多無價物品早被拿走。

　　雖然對考古學家來說丟失的工藝品堪稱無價，不過不管拿走

↑
高低起伏、多山的庫姆蘭區域散落著11個知名洞穴。

東西、放到黑市販賣的人是誰,這些對他們來說顯然都無所謂。一旦知道那些羊皮紙能購買到,學者就著手安排奪回那些被劫走的物品。他們用這種方法經年累月慢慢尋回,在近1,000份手稿中拼湊出15,000以上文本殘篇,現今主要在以色列博物館進行展覽,一般以「死海古卷」之名為大眾所知,並被認為是古代復原最重要也保存最好的文本之一。

整份古卷包含一些所知最早的聖經文本,對基督教與猶太教皆具象徵及歷史意義的重要性。據信它們是由艾賽尼人(Essene)藏入洞穴。他們是約2,000年前從巴勒斯坦猶太人分支,豐足地生活在庫姆蘭的教派。這些文件也揭開了許多屬於他們的獨特生活方式與世界觀。儘管至今以色列仍對古卷宣示所有權,競爭對手還是持續不斷,打著巴勒斯坦人(對以色列認為屬於他們的大部分國土提出異議)和約旦人(位於死海另一邊)的名義提出挑戰,表示他們在該區的漫長歷史也該有資格對死海古卷代表的文化遺產分一杯羹。

針對羊皮紙進行分析後得知其中包含大量硫磺、鈉、鈣、鹽,據信能幫助保存文件約2,000年,遠比原先預期更久。艾賽尼人將他們的手稿藏在蝙蝠大便和其他洞穴垃圾間的習慣(用來遏阻小偷,看來不太成功),也許也有助延長其生命週期。在一些例子中,本以為來自同一份羊皮紙的碎片,之後卻發現其實是由不同動物(例如羊或牛)的皮做成,更進一步使拼起這塊巨大拼圖的碎片變得更複雜。這些發現同時也有助鑑定古卷的真偽,避免蓄意偽造品在無人注意下混入其中。

最新發現的羊皮紙還有更多理由值得高興。在多年的錯失機會,以及數十年懷抱著能找到新一批文件的希望後,會是它嗎?有沒有可能,這個新發現的古卷能讓我們一窺更多古代世界?這會不會是極具歷史意義的第十二個庫姆蘭洞穴?

結果令人失望。羊皮紙是真的,年代能回溯約2,000年前,就

和原來的古卷一樣——可是上頭一片空白。專家認為那是留在洞穴中準備要寫，卻沒能來得及寫的紙張。雖然，如果上面真寫了字，說不定就不會被找到。洞穴裡面有許多打破的罐子、皮革綁帶和包裹用的布（此外還有一對現代鐵鶴嘴鋤的鋤頭），在在表示洗劫者在1940或1950年也發現了這個洞穴，幾乎拿走所有值錢物品。罐中空白的羊皮紙是少數被留下的物品之一。儘管失望，此次開挖卻仍舊證實了不只有原先11個洞穴裡才留置了古卷。庫姆蘭洞穴也許還能訴說更多的故事。

↑
死海古卷，從庫姆蘭洞穴復原的羊皮紙碎片，被認為是來自古代的無價工藝品。

油鴟洞穴
Cueva de los Tayos

理論上由某古文明建造的神祕洞穴
其中蘊藏了人類的起源

厄瓜多

S 04° 18′ 27″
W 78° 40′ 53″

這是一條挖進安地斯山脈側邊、深入亞馬遜雨林的宏偉洞穴通道。石頭上有個詭異的方形開口,由於實在太方,不可能是自然形成。這種入口一定是刻意為之,甚至可能是失落已久的文明打造的——至少,這是1976年來到這偏遠厄瓜多進行調查的遠征隊的理論。這些人帶著名譽領導人的祝福,也就是知名的太空人尼爾‧阿姆斯壯(不過幾年前他才上月球表面漫步),嘗試進入前述洞穴,極力想解開奪取了全世界想像力的謎團。

他們之所以前往該處,來到這離家數千公里的位置,原因可追溯到一個人身上——作家艾利希‧馮‧丹尼肯(Erich von Däniken)。他早前出版的作品《眾神的戰車?》(*Chariots of the Gods?*)獲得大舉成功,這本書著重探討從外太空來到地球的外星生命存在。這位瑞士作家持續在文學層面鑽研超自然現象。他的下一本書《眾神的黃金》(*The Gold of the Gods*)主要講述匈牙利裔阿根廷洞穴學家賈諾斯‧胡安‧莫里茲(János Juan Móricz)1965年前往厄瓜多東南部的旅程,他的目的地位於鄰近祕魯邊境處,是一個名為Cueva de los Tayos(也就是「油鴟鳥的洞穴」)的地方。他寫道,莫里茲在洞穴中發現驚人的雕像,包含一座引發社會轟動的圖書館,該處由巨大的金屬片板組成,板上鑴刻著訴說人類起源故事的各種符號與文字。丹尼肯表示,自己隨後也親自

莫里茲拱門的水平岩層讓許多到訪者深信，該洞穴無庸置疑由人打造。

去見證了那些事物。

　　該書於1972年出版，得到巨大反響。對於這座埋在荒郊野外、充滿寶藏的奇怪洞穴，人們恍若上癮那樣渴望知道得更多，頗有追尋現代版黃金國的感覺。探險者和冒險者中上演著爭奪戰，必須召集需要的人手、設備，當然還要有資金，才能順利展開一趟完整的科學考察。最終，史丹・霍爾（Stan Hall）貢獻自我（他是蘇格蘭的土木工程師），讓這個想法得以成真。他召集超過百人的英國人外加厄瓜多人的團隊──包含來自愛丁堡大學、大英博物館等知名英國機構的科學家，加上政府力量與軍事人員，努力想更進一步瞭解那個尚且未知的古老文明──洞穴中若找到令人嘆為觀止的物品顯然都要算到他們頭上。有鑑於世紀關鍵且具代表性的NASA阿波羅11登月任務才不過時隔7年，對霍爾來說，讓尼爾・阿姆斯壯，也就是第一個踏上月球表面的人類成為遠征的名譽領導人，帶他們前往未知，稱得上是一記妙著。

　　1976年7月，從首都基多（Quito）跋涉數天後，團隊抵達前述洞穴。首先得一股腦兒降下超過60公尺深的垂直井，直入地底，

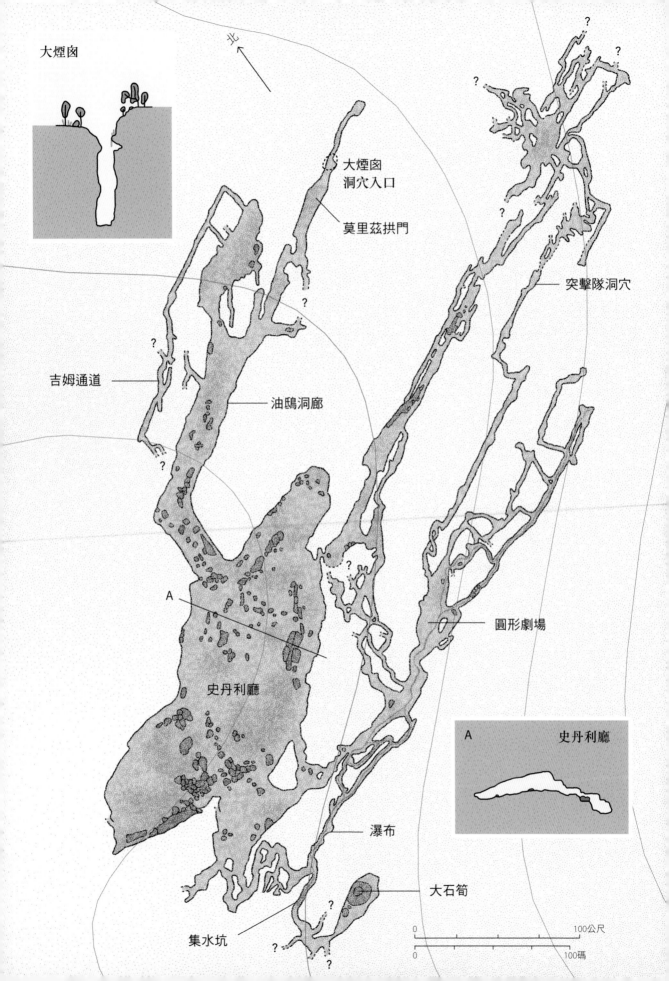

大煙囪

北

大煙囪
洞穴入口

莫里茲拱門

突擊隊洞穴

吉姆通道

油鴟洞廊

A

圓形劇場

史丹利廳

A   史丹利廳

瀑布

大石筍

集水坑

0   100公尺

0   100碼

他們通過一條巨大通道，頭頂上方挑高，猶如大教堂的天花板。在穿過一連串到處點綴鐘乳石和石筍的狹窄通道後，他們找到了知名的方形入口，現在多稱為莫里茲拱門（Móricz Arch）。他們從這個點開始推進，不斷遇到巨大的淹水洞窟與野生動物，包含彩虹蚺（rainbow boa）、狼蛛及夜行性的油鴟鳥（tayos），洞穴便是以牠命名。

然而，他們沒有找到任何金屬片板或人類歷史紀錄，甚至與過往文明相關的寶物的任何證據。丹尼肯對此不怎麼滿意，寫信給阿姆斯壯抱怨，表示遠征隊一定搞錯了什麼——也許他們不小心探索到別的地點？不過這位知名的太空人毫無動搖，遠征也正式告終。

儘管網路（以及其他較少受到仔細檢閱的討論空間）仍是聲稱洞穴由人類打造、證據無可反駁的主戰場，科學界至今仍無法找到證據加以支持。也許就某種程度來說，真相令人洩氣。照此看來，洞穴可能在歷史上某個階段曾由當地舒阿爾人（Shuar）居住，那裡對他們來說自是進行傳統儀式的重要宗教場所，地層形狀只不過是下伏地質的產物。砂岩本就能形成詭異平滑的岩石，一副有如徒手雕刻的模樣。

2018年，史丹‧霍爾的女兒艾琳（Eileen）和總部位於英國的開合藝術（Open Close）團體精心安排了一趟全新遠征，以攝影、聲音紀錄、影像和3D繪圖等形式記下洞穴的豐富樣貌，以優化過的方式對這個詭異空間進行調查。也許仍有人對莫里茲和丹尼肯的主張進行調查感興趣，但就其他人而言，促進洞穴保護——據說這是厄瓜多最大的洞穴——甚至讓它有可能成為聯合國教科文組織世界遺產，說不定已有足夠動機促使大家做進一步探索。

氣勢萬鈞的光之瀑布，照亮前往油鴟洞穴的探訪者進入深深洞穴前必須降下的垂直井底部。
→

現代歷史

倫敦地下鐵
London Underground

現代建築工程

揭開一座巨大瘟疫坑

英國

N 51° 31′ 14″

E 00° 05′ 58″

　　考古學家拿著工具，小心翼翼將土刷到一邊，特別注意不要損傷到他們挖出來的脆弱物品。他們正在一條直徑5.5公尺的豎井中工作，該地位於東倫敦法靈頓區新的地下鐵工地，剛從道路下方幾公尺處找到一樣熟悉物品。他們小心清掉更多的土。絕對錯不了，那是一具骨骸。他們繼續挖，又一具骨骸，然後再一具，接著又挖出更多。

　　許多大城市都有屬於自己的神祕黑暗過去，就埋在嶄新閃亮的街道與現代化大樓下方一層層，可是很少城市能像倫敦。在這裡，8,000年的歷史氛圍仍飄盪在空氣中，自然三不五時會有頭條報導，當城市古老的地下水系統試圖排出21世紀倫敦的廢棄物時，會找到一些戰時未爆彈或巨大的「地溝油塊」（fatberg）。

　　說到世上以大眾運輸為目的、在城市下方進行的挖掘行為，此處可稱先驅。1863年1月，在主教路（現稱派丁頓）和法靈頓街間興建的地下鐵路線，正是聞名世界的「倫敦地下鐵」的第一步。同時，代表性的紅圈藍橫槓圓形識別標誌也因之誕生，隨著哈利‧貝克（Harry Beck）經典的地下鐵路線示意圖，外加語調平鋪直敘的指令聲音「小心月臺間隙」（mind the gap），該地下鐵將持續衍生11條路線，以及270個使用中車站，總長超過400公里。如今倫敦地鐵每日能載運500萬乘客，每年高達13.5億人。

持續不斷的流言蜚語在倫敦人之間流傳，談論昔日許多繞路繞得不太自然的地下鐵線其實是為了避開亂葬崗。這很可能不是真相，但無論如何，橫貫鐵路（Crossrail）的規劃者都得將它考慮進去，這是倫敦大眾運輸系統最新一個大規模增建工程。數世紀來，歷史學家認為法靈頓有著所謂的「無人區」（no man's land）亂葬崗。據說被惡名昭彰的黑死病奪走生命的上千受害者，就隨便埋在那裡。瘟疫在1348年來到不列顛岸邊，奪走全國人口三分之一到一半的人數。不知為何，那裡一直處於雷達範圍之外。

但是，當2013年3月完整發現25具骨骸，整整齊齊排成兩排，從法靈頓橫貫鐵路的位址出土，初步證據顯示，這個可怕的安息地終於被發現。當法醫鑑定結果出爐，該假設證明無誤。這些人的死因是鼠疫桿菌，亦即和黑死病相關的細菌。讓參與開挖的人鬆一口氣的是，超過6世紀的時間夠讓細菌在土中消亡了。

然而這並非單獨事件。2年後，人們在不到1.6公里外的位置找到更多骨骸──或說在漢默史密斯及城市線上只有一站之隔，就在利物浦街車站下方挖掘的更多隧道之中。這一回，他們以千人數量現身，老的、年輕的，有錢人和窮人，男男女女、來自首

倫敦任何地下重大工事都承擔著風險，很可能會挖出埋藏的中世紀墓地。
→

布倫特十字　　　格德斯綠地　　　　　　　　　　　　　　　　　　克勞奇區

　　　　　　　　　　　　　　　　　　　　　海格

　　　　　　　　　　　　　　　漢普斯特德荒野　　　　　　　　　拱門

尼斯登

　　　　克里克伍德　　　　　　　　　　　福音橡木

　　　　　　　　　　　　　漢普斯特德

　　　　　　　　　　　　　　　　　　　肯蒂什鎮

威爾斯登　　　　　　基爾伯恩　　　　貝爾塞斯公園

　　　　　　　　　　　　　　　　　　　肯頓鎮

　　　　麥達維爾　　　　　　　　攝政公園

　　　　　　　　　　　　　　　　　　　　　布魯姆斯伯里

白城　　　　　　　　　　派丁頓　　　　　　牛津街

　　　　　　　　　　　　　　　　　　　柯芬園

　　　牧羊人叢林　　　　　　海德公園

奇司威克　　　肯辛頓　　　　　騎士橋　　白金漢宮

　　　　　　　　　　　　　　　　　　大笨鐘

　　　　　　　　伯爵府　　　　　　西敏市

漢默史密斯　　　　　　　　切爾西

　　　　　　　　　　　　　巴特西公園

　　　　　　　　　　　　　　　　九榆樹

巴恩斯　　　富勒姆

　　　　　　　　　　巴特西

普特尼　　　　　克拉珀姆轉運站

　　　　　　　　　　　　　　布里克斯頓

0　　　　　　　　　　　　5公里　　克拉珀姆公園

0　　　　　　　　　　　　3英里

哈林蓋　　　　沃爾瑟姆斯托溼地　　　　　　　　　旺斯特德　　　　　　　　　　　北

斯多克紐溫頓　　　　　　　　　　　　萊頓

　　　　　　　　　　　　　　　　　　　　　　　雷頓斯通　　　　　旺斯特德平原

哈默頓

多爾斯頓　　　　　　　　英女王伊麗莎白二世　　　　　　森林門
　　　　　　　　　　　　奧林匹克公園

伊斯林頓　　　　　維多利亞公園　　　　　　斯特拉特福

哈克尼　　　　　　　　　　　　　　　　　　　　西漢姆

法靈頓　　　　　　　　　　　　　　　景寧鎮

　　　　　　　　　　　　　　堡區

羅大教堂　　　白教堂
　　　　　　　　　　　波普勒

倫敦橋　　沃平　　　　　　　　　　　　　皇家碼頭
倫敦塔橋　　　　　　　　　　　金絲雀碼頭
　　　　　　　　　　　　　　　　　格林威治半島
象堡　　羅瑟希德　　　　道格斯島
伯蒙德　　　　　　　　　　　　　　　格林威治
肯寧頓　　　　　　　　　泰晤士河

佩克漢　　　　德普特福德　　　格林威治公園

▬▬ 貝克盧線	▬▬ 朱比利線	▬▬ 地下鐵道
▬▬ 中央線	▬▬ 北線	┼┼┼ 地上鐵道
▬▬ 環狀線	▬▬ 皮卡迪利線	● 瘟疫坑
▬▬ 區域線	▬▬ 維多利亞線	
▬▬ 漢默史密斯及城市線	▬▬ 滑鐵盧及城市線	⬤ 其他考古遺址
▬▬ 大都會線	▬▬ 伊利莎伯線	

都各處，似乎全部捆在一起。

多達3,000具的骨骸終於從該址挖出，此處據信是老貝德蘭墓園（Bedlam），附屬於附近的伯利恆醫院，為專門掩埋精神疾病者的墓地（「瘋人院」〔bedlam〕之詞義便源自於此）。書面紀錄聲明，這個時期該處成為至少2萬人的最後安息地。這些人都處於社經邊緣地位，或只是無能負擔一場像樣的基督徒葬禮。有些是暴力行為的犧牲者，有些遭到處死。但大多死於橫掃首都街道、來勢洶洶的其他可怕死亡疾病：1665年的大瘟疫（Great Plague）殺死超過10萬名的倫敦人。這次罪魁禍首又是鼠疫桿菌。部分17世紀骨骸和一起找到的工藝品，諸如陶器、玻璃和棺材把手，都能確定時代，讓這些細菌罪證確鑿。

最終，橫貫鐵路7年的興建期中，從沿線40個不同地點出土了超過一萬個工藝品。隨著計畫展開，200名考古學家受雇7年聘用期，從事英國執行過最大的考古計畫（並非刻意）。他們從土中挖出的物件狠狠扯動了距離英國歷史時間線核心最遠的絲線，內容包羅萬象，從史前打火石到羅馬馬蹄鐵，中世紀動物骨骸到都鐸時期的保齡球。貨真價實將地層擬人化，紮紮實實壓進土裡，直到21世紀才再次尋回、進行分析。

即便橫貫鐵路閃亮的新月臺紛紛開始運作，噴出一堆煙雲，宣告全新的摩登時代就此降臨，我們依舊不能對這力量自鳴得意。城市各處有許多車站都在時間的考驗中敗下陣。據說地鐵網絡中能找到49個荒廢車站（不全位於地下），旅客鞋子喀喀踏步的聲音以及匆匆駛過的往來車廂，只是一段遙遠記憶。有一些地方，例如威廉王街和約克路，就只是在那兒積灰塵，其他地方則就此換上全新面貌。

唐街就是這樣的例子，在改建為邱吉爾舉世聞名的戰時辦公室前（現在是「祕密倫敦」導覽的終點站），它曾是二次大戰的臨時地下碉堡；老奧德維奇站如今是忙碌的拍片地點；布朗普頓路

站靠近奢華的哈洛德百貨，曾是重要的國防部設施，隨後在2014年以5,300萬英鎊賣出，給了一個應該想將它變成華麗綜合建築的房地產商。靠近克拉珀姆北站的一條廢棄隧道，甚至容納了一個運行中的水耕農場，一度為空襲防空洞的2.5公頃空間種滿芝麻葉、青花菜、大蒜、西洋韭、芥菜與可食用花卉。

在倫敦，「過去就留在過去」這句話並不容易，畢竟，上千不安的骨骸已經知道得太多。

即便今日，地鐵網絡中還是有很多廢棄車站。有些車站得到新生——例如唐街，曾是皮卡迪利線上的停靠站——其餘則靜靜陷入冬眠。
↓

隧道57
Tunnel 57

從柏林圍牆下方隧道
進行一場大規模逃亡

德國

N 52° 32′ 12″
E 13° 23′ 36

1964年10月，星期六晚上，東柏林，一小群年輕人緊張卻堅定地走在街上。他們努力表現得不引人注意，無視狂跳的心臟，以免引來在這區巡邏的邊防人員懷疑。他們一面數著房屋號碼，一面快速巡視周遭。一抵達目的地55號建築，就迅速進入裡頭，遠離窺探的目光。「東京，」他們低聲對著等在裡面的人說。一個點頭後，他們脫掉鞋子，被領著走過一條走道，進入外頭的庭院。不久，這群中的第一個人肚子貼地趴下，垂下目光望向一條細窄且令人畏懼的隧道，它能帶領所有人奔向自由。

尤欽・諾曼（Joachim Neumann）在1960年早期曾是東德的學生，裝成瑞士公民逃往自由西德，也就是德意志聯邦共和國（Federal Republic of Germany）的一部分。然而，被他留下的家人朋友仍持續面對危險，使得他和他的同伴想出一個膽大包天的計畫：在惡名昭彰的柏林圍牆下方挖通隧道，好讓更多人能成功逃亡。圍牆在3年前興建，近4公尺高，155公里長，是一條直切首都核心的障礙。

1964年春天，計畫啟動，就從圍牆附近一間廢棄麵包坊的地下室開始，諾曼和其他共謀者就地開挖，意義上唯一的器具只有小花園鏟，以及將土運出去的基本型運貨小車。

泥土、黑暗，汗水與恐懼發出的惡臭；因為怕會昏倒，怕步

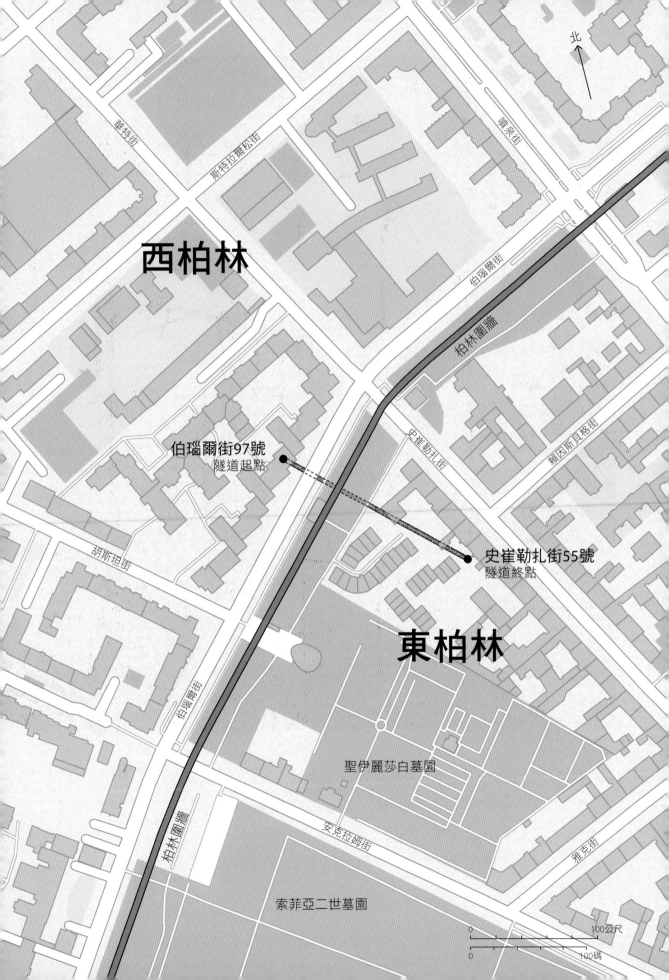

北

西柏林

柏林圍牆

伯瑙爾街97號
隧道起點

史崔勒扎街55號
隧道終點

東柏林

聖伊麗莎白墓園

柏林圍牆

安克拉姆街

索菲亞二世墓園

0　　　　　　100公尺
0　　　　　　100碼

步進逼的死亡，或在大堆大堆土壤底下慢慢窒息而死。也怕發出太多聲響，怕被豎耳傾聽的邊防人員聽見，怕被抓被處決。12小時後，一個輪班會結束，接著再開始另一個輪班。一天過一天、一夜過一夜，盡可能輪流做出最多進展。每個人都住在該處連續

↑
柏林圍牆分隔東西德28年。隧道57見證了東德人透過圍牆下方進行的最大規模逃亡。

數週，也是要避免若天天都有固定人潮來了又走，會遭到懷疑。往下挖到碰到地下水位後，他們改成水平方式挖掘隧道，帶著鐵鍬和泛光燈，沿著這令人畏懼的知名「死亡地帶」（Death Strip）緩步往下。

最終，5個月後終於有所突破。儘管困難重重，例如偷偷摸摸在地下挖洞導致視覺喪失，他們終於獲得好運，突破一棟公寓後方廢棄的茅房。挖隧道者終於成功挖到東柏林，也就是這個受獨裁主義德意志民主共和國殘忍統治的城市。

消息迅速傳開。整整兩晚，史崔勒扎街（Strelitzer Straße）55號迎來外表看來十分冷靜的訪客，這些人透過這條地下通道成功逃往西德，獲得新生活。在不超過80公分寬的隧道——高度甚至更低——逃亡者必須用肚子貼地，一路爬行，慢慢往前推進。140公尺後，他們終於抵達安全的廢棄麵包坊，越過圍牆到另一邊，終獲自由。

然而，之後第二晚，諾曼試圖從隧道救出他女友後不久（巧合的是，她剛從監獄被放出來），部分邊防人員終於決定調查這些人到底去了哪裡，並迅速發現整個狀況，拉響警鈴。策劃者鳥獸散，槍聲四起，一名邊防人員被殺，整個計畫叫停。共57個東柏林人在兩晚中成功逃脫，因此人們將此地取名「隧道57」。

柏林圍牆將持續聳立於此，直到舉世皆知於1989年11月倒下。在它聳立近30年間，有許多人企圖闖越——隧道57不是第一個，也不會是最後一個。可是成功的只有一小部分，例如「隧道29」。NBC電視臺甚至派出了一支團隊，在此事發生當下記錄了整個逃亡過程。不過，沒有一個比得上諾曼辛苦打造的隧道一次解放那麼多人，在近300名從柏林圍牆下方逃脫的人數中，占了可觀的比例。

伯靈頓
Burlington

倘若遭受核彈攻擊
可容納英國政府官員的祕密地堡

英國

N 51° 25′ 11″
W 02° 13′ 14″

之所以建造伯靈頓，
是為了確保遭受核武
攻擊後英國政府仍能
維持基本運作。
←

　　1961年9月13日，冷戰前期，英國首相哈羅德・麥克米倫（Harold Macmillan）收到一張帶著末日口吻的備忘。倘若發生核彈攻擊，政府成員將被帶往全國不同區域。這種方式可確保有能力治國的大臣至少能存活一部分（抑或，如果決定執行相互保證毀滅〔Mutual assured destruction〕戰術，能採取回擊的官員）。因此，如果國家不幸遭遇這般緊急狀況，麥克米倫本人將留在倫敦，連同外交大臣、國防大臣及其他重要人士，做好準備，並要願意在必須時刻按下紅色按鈕。然而，另一批擁有同等地位的政府官員——包含財政大臣、海軍大臣、陸軍大臣——將迅速由城市撤離，並被帶往英格蘭西南威爾特郡北部一個最偏遠、最意想不到的位置。

　　此處有高爾夫球場、飼養家畜的牧場、微微蜿蜒的道路。表面看來，威爾特郡與不列顛其他鄉村地區並無二致，蒼鬱平凡。然而，即使路牌上完全沒提，下方卻躺著保密數十年的最高機密設施。有個警告標誌上寫道，「根據官方保密法案（Official Secrets Act），此處為法規禁止進入場所」。「未經允許進入，可能會遭到逮捕與起訴」。地下有著一座詭異且顛覆想像的設施：由厚厚的鋼筋混凝土牆、防爆門與通風井加強保護的地下碉堡。

石柱
原採石場留下

PL1 乘客電梯

2
英國皇家空軍
行動中心暨貿易局

3
宿舍

8
主要電話
轉接觸

1
電話轉接處

4
宿舍

5
宿舍

24
燃料庫

6
餐廳

7
麵包坊

18
海軍部

發電廠

19
機器設備

20
店鋪與工作坊

17
空軍部

緊急出口

GL1 貨物電梯

鑰匙間

醫院

PL2 乘客電梯

北

9
店鋪

10
交通部

23
發電機

15
辦公室及指揮部

13
電力暨農務部

11
發電機

12
廚房

14
戰時內閣

蓋水池設備電梯

16
衛生部

22
國協關係部辦公室

21
國防部通訊中心

地圖室

首相辦公室

BBC攝影棚

0 　　　　　100公尺

0 　　　　　100碼

當時該處稱為「史托威爾」（Stockwell）或「旋轉門」（Turnstile），不過真的在歷史上流傳的祕密代號是「伯靈頓」。於1950年近代建造，因應突然升溫的冷戰而生。這裡可容納超過4,000人避難（主要的政府大臣和文官），也就是科斯漢姆附近的老巴斯採石場改造過的殘骸下方36公尺處。礦場在二次世界大戰後半時期本來短暫要作為地下飛機工廠的工地，但於1940年停止運作，終於獲得平靜。

由於這預備用作戰總部的設計，與位於西敏市的國會廳幾乎是鏡像配置，儘管附加了許多採礦時期留下的空心磚和四散的岩石柱。這裡是純粹的功能性空間，僅包含最不可或缺的設施，包括一張地圖、控制室、餐廳、醫院、牙醫部、洗衣處，以及供應飲用水的地下蓄水池，和4座巨大發電機，作為該處的專屬電廠。這裡裝有全國第二大的電話轉接處，容許大臣能持續和外界溝通。儘管有著設備完整的BBC電視攝影棚，能讓高級政府官員對飽受打擊的全國國民傳達希望與支持的訊息，他們大概也只能畏畏縮縮躲在臨時堡壘下，與殘留輻射帶來的影響搏鬥。

密切關注當地歷史的人一定知道核戰沒有真正降臨。1989年，維護該處所需的花費（應該高達4,000萬英鎊），導致了關閉該設施的決定。英格蘭歷史遺產委員會（Historic England），一個受命保護英國歷史性古蹟的政府機構，將伯靈頓描述為「本國冷戰軍事遺跡中空前絕後的案例」。

送到麥克米倫桌上的備忘中有許多人名，將在渾然不知此處曾經存在的狀況下離開崗位，更別說還有讓他們長期生活在那裡的計畫。當那裡在21世紀初期終於不再是機密後，訪客轉述，他們見到許多能支撐3個月的必須補給品，例如食物、水和衛生紙，仍等著被打開。椅子、軟木板與1960年代的科技，電傳打字機等等事物仍展示著。什麼都沒打開、變得髒兮兮、嚴重腐朽——一齊等待著幸運從未到來的核子冬天。

↑
興建以來60年，遺跡多
處仍凍結在時間之中。

庫伯佩地
Coober Pedy

完全位於地下的市鎮
在對付極端氣候上幫了居民大忙

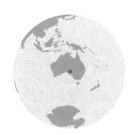

澳洲

S 29° 00′ 50″
E 134° 35′ 16″

　　一百多年前一個熱到將人烤焦的夏日，有個14歲男孩走過恍若渺無人煙的澳洲紅色沙塵，突然在岩層碎石中瞥見一塊閃閃發亮的石頭。威利‧哈奇森（Willie Hutchison）過去曾在和父親騎駱駝踏上淘金時路過這裡。這塊石頭當然不是金子，可是它斑斕的色彩仍緊緊抓住了威利的注意力。這個敏銳的觀察讓年輕的威利意外發現了蛋白石，一個將徹底改變澳洲南部中央這個偏遠地方的值錢礦物。

　　他發現這東西的消息傳開後，野心勃勃的挖礦者湧進這個偏遠地點，由沿岸首都大城阿得雷德（Adelaide）前往內陸，一趟850公里的旅程就此展開。5年之中，人流的匯集帶來資金及功能性的定居地點，取名庫伯佩地（Coober Pedy，為當地原住民語kupa piti之訛用，意為「白人的洞」）。然而1930年代的經濟衰退幾乎抹消一切努力，直到1940年代中期新發現的寶石再重新點燃這股蛋白石熱。

　　到1960年代，庫伯佩地正式受到認可，成為市鎮，並因此得到了個地方政府議會，以及令人難以忘懷的名聲：「世界蛋白石之都」。全世界蛋白石生產總量多達70%都是從這裡的土壤裡開採（若包含由鄰近其他較小市鎮的產量，便高達85%）。關於這件事，居民該感謝的是1億5,000萬年前淹沒這塊大陸的海水。當

北

典型的庫伯佩地房屋

0　　　　　2公尺

地下汽車旅館

地下洞穴教堂

醫院

老式礦場

地下旅館

天主教教堂

學校

蛋白石區

集水保存處

庫伯佩地

布特山墓園

斯圖爾特公路

湯姆的蛋白石礦場

藍儂蛋白石區

黑旗蛋白石區

0　　　　　　500公尺

0　　　　　　500碼

←
庫伯佩地周遭地形散落
的孔洞正是小小的蛋白
石礦脈。

海水終於後退，卻留下藏在土中小縫隙和裂口的水合二氧化矽。隨著時間經過，它們硬化成為今日所見的昂貴礦石。

　　然而，如果想在庫伯佩地這樣的小鎮生活，只有一個問題：夏季時蹂躪小鎮的極端溫度，而且長達3到4個月，溫度計將直往上衝，超過攝氏50度，有時甚至悄悄爬升到攝氏60度。在這種極端情況下，熱衰竭甚至中暑是必然的結果。

　　不過庫伯佩地的居民想出了絕妙解法：去地下。不只在挖礦期間，而是幾乎一輩子。有很多蛋白石採礦者都是經歷過一戰時期法國土耳其壕溝戰的澳洲退伍軍人，他們經驗老道，懂得怎麼打造地下碉堡。於是上千人轉往地下生活，在砂岩之中的圓頂洞穴打造家園、教堂及其他必須設施——時常包含假窗戶，提供某種類似住在地面的假象。市鎮就這麼建造起來，表面只見狀似巨大蟻丘、四處散落的洞，又或者更像四散的巨大彈孔。

　　當代，庫伯佩地洞穴目前是高達3,000人的家園，包含若干地下旅館、公寓、民宿，甚至地下露營地，以滿足被這古怪世界一隅引來、人數不斷成長的遊客。博物館、賭場、酒館和紀念品商店使整個旅遊體驗更為完整。雖然現代空調系統帶來的享受讓其他人更能耐受夏日熱浪最高峰，興建起地表上的建築（外加不可或缺的無草高爾夫球場），卻至少有半數人口維持傳統的地堡生活，最深住到地表下15公尺。許多人傳承了祖先的天職，前往礦脈，尋找鬼魂般難以得見、彩虹色澤的蛋白石。這些人用隧道鑽

掘機挖出一間5房的地下屋，約僅花費25,000澳幣，讓勞動階層也能負擔這種房屋。更甚，許多家庭購買毗鄰屋子，以打造地下「豪宅」，在隧道中住得相對豪華，夏季能舒適涼爽，最寒冷的冬夜得以溫暖。

這在在代表數十年來與難以想像的高溫交手的庫伯佩地居民，在面對未來可能會更頻繁地襲擊這塊大陸的極端溫度中，結構上的裝備將比大多澳洲人完善。無論如何，在這樣一個危險四伏的地方生活絕非易事。近年漸增的擔憂是針對阿卡林加盆地（Arckaringa Basin，位於市鎮以東）的石油和天然氣礦業探勘，汙染了當地地下蓄水層，亦即大自流盆地（Great Artesian Basin），並且有威脅到庫伯佩地水源供應的可能。也許，人類剝削地球自然資源的慾望成就了庫伯佩地的誕生，卻也得為它的死去負責。

從住屋、旅館到宗教場所，個個矗立在地面下方。
↓

古芝地道
Cu Chi Tunnels

越戰之中占有重要地位
徒手打造、四面八方延伸的隧道網絡

越南

N 11° 04′ 19″
E 106° 29′ 46″

黎文朗（Le Van Lang）和他的家人正在逃命。他剛從北越的軍事訓練營回來，短暫回家鄉村落，卻聽見坦克接近的可怕聲響。美國人來了，要來進行搜索與摧毀的任務。這一家人急忙逃跑，所幸，黎文朗手上握有能派上用場的有利條件。先前他在附近建造了藏身處——一座祕密碉堡——可讓他的家人避難，躲避敵人。儘管從他們的位置渡河途中承受軍人的強勁火力，這個地下藏身處使得黎文朗和倉促聚集的裝甲連在開逃之前得以回擊，發射步槍，並猛投手榴彈。最終，碉堡救了他們一命。

這個故事在南越被炸得千瘡百孔的荒地至少上演數千次，甚至是決定了整場越戰結果最關鍵的因素。從1955到1975年，位於西貢（現今胡志明市）以北20公里的古芝地區在衝突中變成圍城的目標，許多城市也是這樣——無論是曾有相同經歷，或之後也將遭此對待。該區對兩方而言都是戰略上求取勝利必備的重要位置，因此承受了難以想像的恐怖情況。陡峭且樹木叢生的地形，日日夜夜不斷遭受各種無差別殺戮的殘忍襲擊。美國飛行員獲准自由開火（千真萬確，甚至是受到鼓勵的），在這區清空炸彈及燒夷彈。與其帶著沒使用的彈藥回到基地，不如盡情對傷痕累累的古芝作一場軍力展示。

在這般密集轟炸下，古芝的居民（例如敵對的越共，以及受牽連的村民等）做出合情合理的行動：躲起來。而更加深這個動機的條件是早在20多年前，該國從法國獨立出來的血腥戰爭時期徒手挖出的細小隧道網絡。當美國試圖擊潰北越共產勢力（與他們在南越的同盟）的野心變得越來越明顯時，這些隧道再次成為至關重要的地下設施。

整個1960年代，該隧道網絡的規模迅速成長，使得游擊隊員在發動混亂的叢林戰時占有一大優勢。最高峰時期，古芝在地下四面八方爬滿了上百公里錯綜複雜的隧道，一路從西貢蜿蜒來到柬埔寨邊界，長達120公里。美國軍隊人數的高峰時期達到50萬人，卻持續處於不利境地，他們對這些隱密的通道缺乏認識，彷彿盲目作戰。

在偽裝與混淆層面，這些隧道可說是大師等級。其窄小的空間——寬不超過1公尺，高約1.5公尺——使他們能在不被偵測的情況下於地形下方穿梭。該網絡的活門之小，幾乎看不見，能輕而易舉地用樹葉、土壤和植物偽裝起。一般人如果事前不曉得入口的存在，幾乎不可能找到，更別說有何突破。更甚，諸如用竹竿強化這般堅固得出乎意料的工程祕訣，使得它們極為強韌，能夠保護躲藏其中的游擊隊員，更多時候連經過的轟炸機直接攻擊也能活命。

儘管燥熱、漆黑、缺乏氧氣，蛇無所不在，這個相對安全的措施表示隧道不只成為軍隊的藏身處，更擔任整個村莊的安全避風港。戰爭期間，有超過20,000人藏匿在這些兔洞，它同時也是運作中的醫院、工廠與馬廄，住在裡頭的人更因此能在美方軍隊對該區發起的一波波攻擊中安全存活。

為了應對這種適應力高超的「人類地鼠」——美國陸軍上將威廉‧魏摩蘭（William Westmoreland）幫這些藏身隧道者想的知名稱呼——美軍訓練了一支叫「隧道老鼠」的隊伍，試圖以征服天

北

本蘇克基地

邊葛

富美興

安富

胡安

安仁西

中立上

西貢河

飛紅基地

中立下

潤德

新盛東

古芝

越共主要軍事基地

小基地

戰地醫院

0   5公里

0   2英里

←
古芝地形到處挖通的巨
大兔洞隧道，唯一暗示
正是這些很好隱藏的小
入口。

空的方式征服地下世界。這些接受過特訓的軍人必須定位、探索
並使那些充滿詭雷的通道失效，但他們甚至無法靠近到能試圖克
服這種等級的挑戰。由於擁有安全又保護周到的基地，可在裡頭
發動攻擊，越共幾乎讓美軍全力拿下南越的意圖化為烏有，更別
說在北越打贏敵手。因為這不屈不撓的韌性，他們只要等著看美
國什麼時候收手就行了，之後才是1975年知名的「西貢淪陷」，拿
下南越。

　　估計4萬5千越南人在戰爭期間為守衛隧道而死。今日大多隧
道都被摧毀，但那些沒被摧毀的隧道則變成知名旅遊景點，附加
射擊靶場，刻畫了轟炸當時紀錄影像的影片，紀念品商店——此
外還有特別拓寬的隧道，以容納沒那麼苗條的遊客。

　　令人悲傷的是，這並不是越戰唯一留下的遺產。越南在20年
間衝突中廣為埋設的地雷和詭雷（更別提沒引爆的空投炸彈和彈
殼），代表這些殘忍的武器將持續造成不疑有他的農夫和其餘鄉
下居民重傷或喪生。戰爭結束至今，記錄至少超過10萬的傷亡。
對於越南及許多從前的戰區，地下蘊藏著源遠流長的記憶。

世紀營
Camp Century

被美軍遺棄後
世紀營之祕因氣候變遷再次浮上檯面

格陵蘭

N 77° 10′ 01″
W 61° 08′ 02″

「我們做出結論,格陵蘭的核子反應爐實驗將引發許多⋯⋯還是寧可避免的問題。」

這些直白卻堅決的字句出現在艾索·西霍普(Axel Serup)1958年提交的手寫備忘中。他是丹麥外交部的代表,答覆美國想在格陵蘭,亦即丹麥領土打造新的革命性科學研究基地的舉動。美國這個基地不是打算建在冰河表面,而是在冰原裡頭,並由實驗性的可攜式核能保暖。1951年的協議讓美國獲得許可,在該處以防禦該島為目的建造軍事基地——那裡早就有了,而且數量還不少。然而一個完全位於冰層中、由核能發電的科學研究站,並不在丹麥人的預期內。

首先,西霍普和同事擔憂,國內大眾對核子物質擺在格陵蘭(或附近任何地方)產生負面反應。第二,也許是最迫在眉睫的,就是他們身在莫斯科的可怕蘇聯對手會有何反應。無論「核武」以什麼形式存放在該區,他們都會針對此事採取侵略性的回應。因為這些擔憂,西霍普做出結論,認為坦白說來基地建在別的地方會好一點——或根本建都不要建。

然而,美國堅決繼續,並在一年內公開基地建造計畫,從媒體電波鋪天蓋地傳播出去。丹麥人發現,除了假裝自己本來就同意

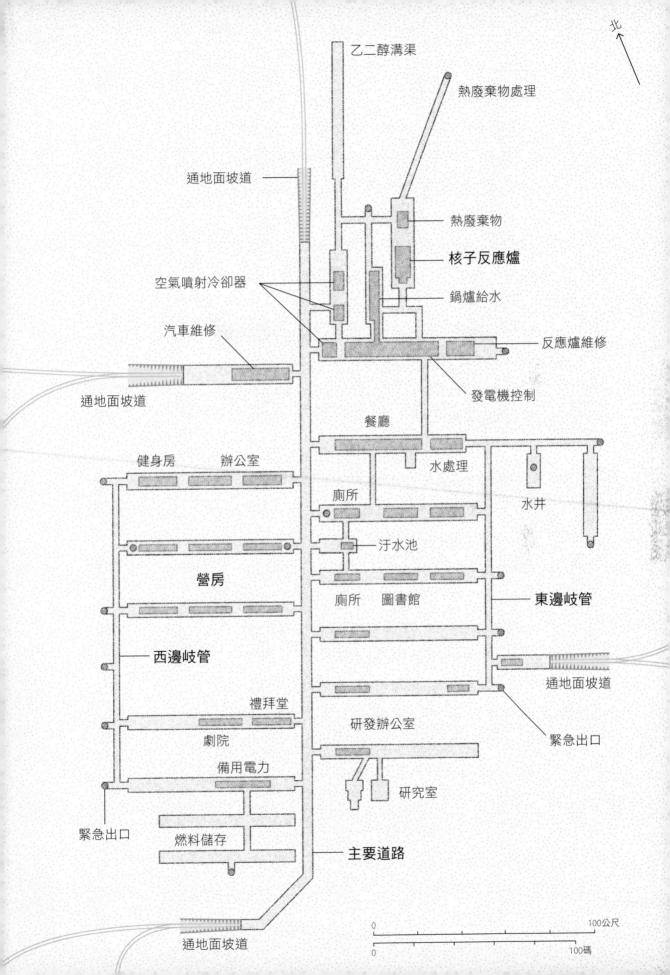

之外，根本別無選擇。而在一開始其實是成功的。因為革命性的建築技術，能快速俐落地挖穿深深的冰層、打通地下溝渠，並接著在裡面裝入一整棟建築，附加一條地下鐵道網絡、一間醫院、廚房、住宿處，還有不可或缺的實驗室，提供多達200名派駐在僅距北極1,300公里極圈研究中心的科學家使用。一旦蓋上曲面屋頂，這些地下居住工作空間就會迅速被降雪隱藏，讓外界看不見。世紀營（後來取的名字）成為知名的「冰下城市」，涵蓋驚人的2,500平方公尺。近10年來，它成功地給予野心之大、前所未有的美國在北極圈的立足點。

然而對後勤抱持懷疑的人最終獲勝。冰的強大力量（它移動得比預期快）開始讓該址的牆壁與基礎設施變得不穩，威脅整項事業的堅固度。考慮到這些擔憂，關閉基地的行動在1960年代中期開始進行。所有人員撤離。同時，在極少量的機艦退役後，世紀營終於在1967年關閉。該設施遭到棄置，成為極圈嚴峻環境中的一個異境。當1969年某團隊被送去勘查該處，找到了萎縮成僅能爬行的隧道的巨大走廊，用以支撐的鐵拱已扭曲變形到難以辨認。冰層以無人能及的力量，將世紀營的生命壓擠排出。

超過半世紀後，也許可以如此預期——應該也是意料之中——這樣一座設施僅會遺留少數可見的痕跡。超過50年的降雪將埋沒軌道和建築，直至時間盡頭。而且沒錯，如今該處已位於冰層表面下30公尺。不過，從2017年起，這裡也是世紀營氣候監測計畫的所在處，科學家們的工作是：蒐集重要數據（溫度、風速、溼度及氣壓），測量追蹤世紀營的冰狀態變化。就如移動的冰所暗示，20世紀以降的氣候變遷，正加速使得把世紀營埋在底下的冰層融化。人們擔憂的重點在於，這個被埋起來的殘骸正慢慢回到表面。

此外還有一個轉折。克里姆林宮確實有立場感到懷疑。世紀營不只是個對外宣稱的科學研究站，（不出所料）更是軍事基地。

美國1950年代於格陵
蘭冰層興建的研究基
地，公認為人類智慧
超越自然的歷史性勝
利。
→

以「冰蟲計畫」（Project Iceworm）之名為人所知，並在冷戰時期讓美國握有戰略優勢。這裡配備核子彈頭，設計成能對蘇聯發射上百洲際彈道飛彈的發射站。核能反應室在1964年移走，但其他事物，包含上千噸放射性廢料與有毒化學物質，則留給了大自然，（理論上會永遠）被雪埋起來。可是來到世紀末，該處卻預期會經歷更大量的融冰而非積雪，逆反了過程。

有越來越多危險殘餘物可能重新浮現，對格陵蘭當局來說是一大擔憂。從冰川底下傾洩而出的融冰水會流過世紀營的埋藏處，並受到該設施的化學物質汙染，諸如柴油燃料、放射性冷卻劑、持久性有機汙染物（persistent organic pollutants，POPs），如多氯

聯苯（polychlorinated biphenyl，PCBs），再進入海洋環境。這種汙染物質本該永遠維持在埋起來的狀態，然而這種想法是何等短淺，此時可說顯露無遺。

最重要的是，世紀營並不孤單。也許它知名度最高，風險也最高，但是那時還有4個基地也以同樣方式建造在冰層裡。更甚，多達30個基地於上世紀被美軍拋棄在格陵蘭。例子其一是布魯伊東2（Bluie East Two，Bluie為戰時美國給予格陵蘭的代號）。這是一座前機場，現今充斥上千生鏽的汽油桶、填了石棉的建築，以及（可能本來要）交運的炸藥。儘管並非全於地下，有很多這種地點都和世紀營有相似命運，因此個個都可能有類似經驗，慢慢在環境中腐朽分解——外加其中所有令人不快的物質。就像橫跨西伯利亞的融化永凍土層，會使致命的病原體再次出現（例如炭疽病），感染、殺死牲口與人類。由於氣候變遷，使得一度遭到遺忘的危險再次成為一大威脅。

大人工河
Great Man-Made River

位於數百公里沙漠下方
用以運送維生水源的巨大管線

利比亞

N 25° 55' 19"
E 17° 23' 17"

1983年，將利比亞舊秩序掃到一邊、把穆安瑪爾‧格達費（Muammar Gaddafi）推上國家領導人位置的革命已過14年。此時此刻，一場重大危機正在成形。淡水逐漸變成稀有資源，傳統的水已經不足以供應不斷擴展的農業區域，還有的黎波里（Tripoli）、班加西（Benghazi）以及其他都市地區等城市成長中的人口。更糟的是，入侵的海水威脅汙染北非國家地中海沿岸那些岌岌可危、裝滿雨水的含水層。對此必須採取更大膽的解決方法。而當這個方法出現，便成為人稱世界最大的灌溉計畫。

一萬年前，最後一個冰河時期的盡頭，北非是一座蒼鬱森林。千年來，逐步乾燥的氣候將這溫和的環境轉成地球最巨大的沙漠，得名撒哈拉（Sahara，譯自阿拉伯語sahrā，亦即「沙漠」）。但是下方仍有古老世界的殘餘，只是變成了巨大的地下水蓄水處。研究顯示，非洲估計藏有66萬立方公里的地下水——比黑海的容積還大，而且足以填滿150個大峽谷。更重要的是，這超過目前大陸表面能找到的一百倍。還不只位於明顯較潮溼的地區下方，像是剛果雨林或歐卡萬哥三角洲（Okavango Delta）。事實上，壯闊的撒哈拉咸認是整塊大陸最大的地下水蓄水處。

因此這表示，當1950年代開始進行石油探勘時，利比亞人訝

異地發現其中有部分——隨後為人熟知的名稱是努比亞沙岩含水層系統（Nubian Sandstone Aquifer System）——正是世上最大的化石水（fossilised water）含水層，也從地下延伸至鄰近的查德、埃及與蘇丹。據估計，其中蘊藏高達15萬立方公里的水，幾乎等同裡海容積的兩倍。30年後，這個含水層被視為該國不斷高升的水源危機的出路。唯一的問題在於：如果接通這些巨大的儲水區，表示國民得賭上一切，讓水在開放的沙漠環境中安全運送數百英里，無疑是挑戰成為有史以來最大土木工程計畫之一。

政府決定採取一個最便宜的選項（雖然仍耗費上百億美元），打造現稱大人工河的工程（Great Man-Made River，簡稱GMR）。這是一張地下運水管道的人工網絡，能同步解決水的問題，並展示現代化利比亞的聰明才智，外加工程上的超凡技術。確實，格達費與其政府不時將其稱之為「世界第八大奇蹟」。第一期工程於1984年動工，見證長長的隧道挖進國家東南部，一路連往位於塔澤堡（Tāzirbū）和沙里爾（Sarīr）下方鑽出的含水層。直徑4公尺的運輸管安置在挖於沙漠下方7公尺的溝渠中，再被推土機埋在沙下。

完工的成果恍若再生。1991年計畫五階段的第一階段啟動後，就算沒有百萬，至少也有十萬人的人生得到大幅改善。在一張戲劇化的照片中，大批群眾聚集在湍急流動的水旁慶祝抵達班加西的化石水，該處受鹽水入侵的打擊最重。第二階段在1996年完成，將GMR的範圍擴展到包含首都的黎波里，現涵蓋多至70%全國人口。

儘管整個網絡尚未建造完成，但完工後的GMR將由約4,000公里的運輸管組成，每日能夠提供650萬立方公尺的水。

從地表層面看也許不明顯，但該地下網絡無庸置疑讓利比亞能夠存活。即使面對2010年間爆發的嚴重武力事件，隱藏在沙漠下方的GMR仍持續運作，使該國得到維生之所需。當部分網絡

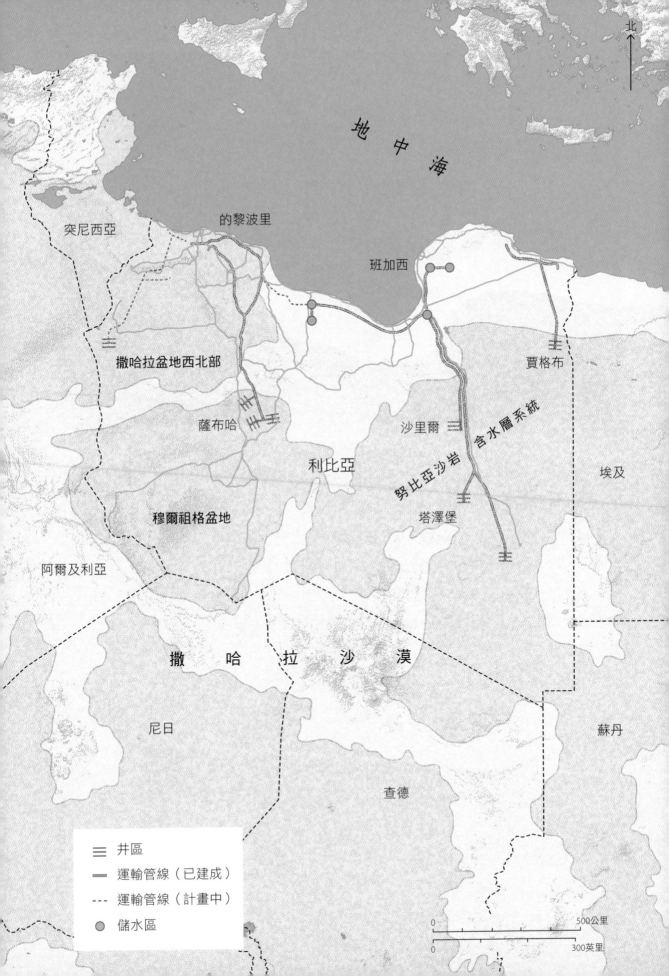

北

地 中 海

突尼西亞

的黎波里

班加西

賈格布

撒哈拉盆地西北部

薩布哈

沙里爾

努比亞沙岩 含水層系統

利比亞

埃及

穆爾祖格盆地

塔澤堡

阿爾及利亞

撒 哈 拉 沙 漠

尼日

蘇丹

查德

井區

運輸管線（已建成）

運輸管線（計畫中）

儲水區

0　　　　　　500公里

0　　　　　　300英里

在2011年遭到砲擊，導致政府軍與介於其中的北約軍隊爆發激烈口水戰，雙方都指控對方中斷了從巨大地下基礎設施得到的重要水源，罔顧百萬國民的生命。儘管這座由鋼筋混凝土和其他材料建成的GMR壽命仍是未知數（一般提出的生命期限是50年，因此顯示過期之日正迅速逼近），然而根據該國含水層中份量可觀的水源得以推知，這樣綽綽有餘的淡水應能讓利比亞再享受個幾百年、甚至幾千年。

索南伯格
Sonnenberg

為了履行國家法規
供給全國人民使用的避難所

瑞士

N 47° 02′ 47″
E 08° 17′ 42″

每天都有數以千計駕駛行駛在一條看來低調、長1.6公里的兩線高速公路隧道（通常往來於德國與義大利），開過索南伯格山底下，前往瑞士城市琉森（Lucerne）。隧道蒼白簡陋，十分陰暗，對於沒受過訓練的人來說，顯然看不出這裡有何過人之處。不過，也許路過的駕駛中會有些人明白真相，知曉這項驚人工程傑作的來龍去脈，以及這條隧道曾一度是給平民百姓使用、世上最大的碉堡。

瑞士最有名的事物可能是小木屋、巧克力、手錶以及世界金融，但它也正好是全世界核掩體的佼佼者之一。這個被陸地包圍的阿爾卑斯山國度，於1963年通過一項法律，表明倘若核子衝突發生，每位國民一定要有安全的掩體能夠躲藏。可以是私人避難所，建在自家之中；或大型公共避難所。對於冷戰可能升溫的恐懼，及放射性沉降物帶來的輻射，非常可能成為該國未來的一部分。此種擔憂的結果便是：瑞士各處都是大量掩體，四散地表，有如該國舉世聞名的起司上的洞。21世紀之交，瑞士境內布滿多達30萬座私人掩體，外加5,000個公共掩體，足夠讓全國所有人進行避難。

索南伯格可回溯至1976年10月。當時，兩大條公路隧道公開

供一般大眾使用，外加一張4,000萬法郎的價碼牌。儘管外貌十分平凡，若發生原子彈爆炸警報，其建造方式卻能讓它搖身一變成為安全的避難所。掩體內包含多達20,000人（約地面上琉森人口的1/4，含政府官員700名）能睡的床位，中央座落一棟7層樓的地下控制中心，這座巨大設施的後勤調度就在這裡進行，包含醫院設施、廣播室和小型監獄。這些都十分昂貴，即便只是讓醫院處於待命狀態，也耗費每年25萬法郎的驚人數字，單單維持醫藥供給和操作設備，以免真的遭遇緊急狀態。

因為一長串原因，索南伯格的第二個目的從未搬上檯面，不過也算令人慶幸。首先，為了讓設施達到可使用狀態，估計需兩週整備時間，例如得展開上千張組裝式上下鋪床，因此對國民是否能立刻倚靠避難所保命的想法潑了冷水，核彈來襲時才不會有這麼長的事前通知。更甚，我們不知道該設施是否真能及時進入狀態。傳言避難所那些35萬公斤的混凝土防爆門每扇厚達半公尺，卻也無法按照預設抵擋放射性沉降物，善加保護裡面的人。就算門有效，假設該設施滿載，流動廁所及可用的淋浴室將嚴重短缺。到最後，崩潰的國民會被要求攜帶兩週的食物量，因為當局認為該設施不可能餵飽那麼多人。然而兩星期後，估計水源供給就會用完，所有人會被送回地面，迎接可能等待著他們的恐怖現實。

但琉森居民——或說全世界——應該慶幸的是，其後數年我們見證了核戰的威脅漸漸消散，儘管掩體法並未撤銷，如今看來，讓它們派上用場的災難威脅與其說是核子戰爭，反倒更可能是自然災害或毀滅性的全球瘟疫。索南伯格於2006年降低規格至僅容納2,000人。今日看來可能只是條美化過的隧道。然而，最終瑞士到處可見的其他掩體，在後核戰時代得到了更有意思的第二人生。

例如薩索聖哥達（Sasso San Gottardo），它是前二戰要塞，

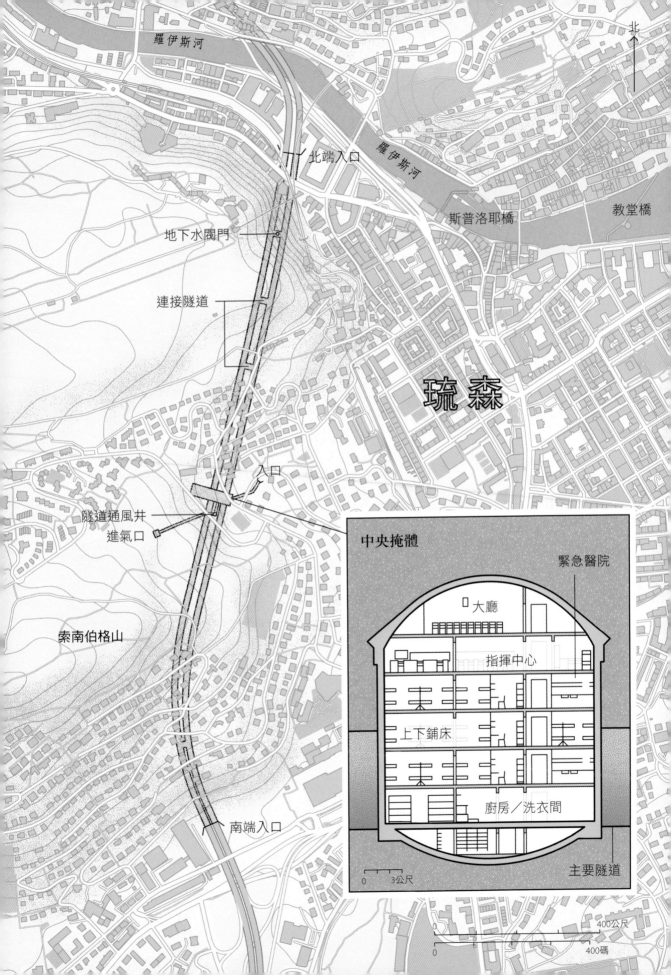

羅伊斯河

北端入口

羅伊斯河

斯普洛耶橋

教堂橋

琉森

地下水閥門

連接隧道

北

入口

隧道通風井

進氣口

索南伯格山

南端入口

中央掩體

緊急醫院

大廳

指揮中心

上下鋪床

廚房／洗衣間

主要隧道

0　3公尺

0　　　　　400公尺
0　　　　　400碼

→
索南伯格的基本設施號
稱能在核子攻擊發生時
容納20,000當地居民。

建在瑞士山脈一側，現為開放中的地下博物館，記錄它在戰時的
作用。拉卡其旅館（Hotel la Claustra）從前是一座錯綜複雜的避
難隧道，現在改為奢華旅館。另外，賽勒乳品（Seiler Käserei）是
間規模頗大的起司工廠，前身也是另一座掩體。在瑞士上千未使
用的避難所中，許多被列為供給遊民或難民的潛在緊急住所。同
時間，據聞一些較大的空間被拿來當資料中心使用，或被鉅富當
成世界末日來臨時的安全避風港。

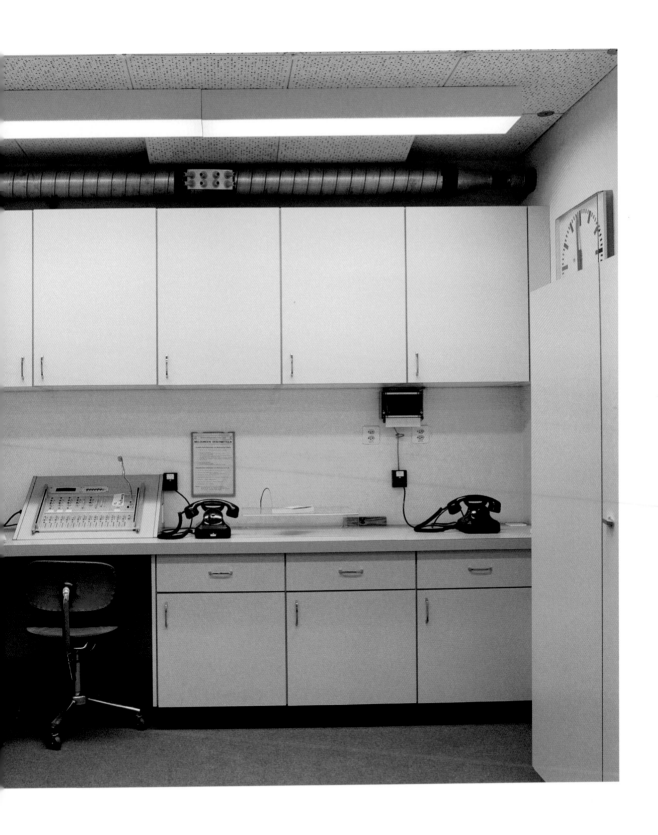

達瓦札天然氣坑
Darvaza Gas Crater

蘇聯的石油探勘者無心打造而成
寓言中的「地獄之門」

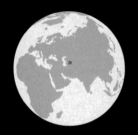

土庫曼斯坦

N 40° 15′08″
E 58° 26′16″

「入此門者，揚棄一切希望。」根據14世紀的長詩《神曲》的〈地獄篇〉，這句時常受人引用的句子（或是寫成其他版本，原句由但丁的母語義大利文寫成）就是刻在通往地獄的入口門上的文字。雖說但丁清晰地描繪出死後世界各般恐怖折磨的畫面，甚至在今日的大眾想像中不斷延續，卻沒提供任何線索，說明在世上究竟哪處能找到這樣一個入口。

事實上，散布地球表面、號稱「地獄大門」之處多到有剩。每處的特徵如出一轍：過目難忘、火焰燃燒，定會緊抓住當地人的想像力，並啟發戲劇化的故事，描述一條充滿火焰的道路，通往專司懲罰、充滿磨難的地下世界，和但丁7世紀前的設想一模一樣。這些地點包含埃特納火山（Mount Etna）——在西西里島噴發的壯觀景象，使其於中世紀獲得最可能通往地獄的道路的響亮名聲。冰島，偶爾從活火山海克拉（Hekla）噴出的毀滅性火山灰雲、熔岩流及炙熱的火山浮石，在當地見證中成為進入深淵的入口。而在北日本冒著煙的含硫磺區域，民間傳說表示，恐山的破火山口正是另一條進入陰間世界的路徑，神話裡的三途川是一道象徵性的門檻，亡者必須跨過，才能抵達來生。

無庸置疑，在這些「大門」之中最神祕的便是達瓦札天然氣坑，這是土庫曼斯坦的地獄入口。事實上，Darvaza正是波斯語中

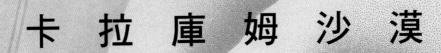

北
↑

卡 拉 庫 姆 沙 漠

達瓦札天然氣坑

達瓦札
↓

0 ──────────── 100公尺

0 ──────────── 100碼

「大門」的訛用。該地約在距離阿什哈巴德（Ashgabat，土庫曼首都）250公里處，孤獨地坐落於卡拉庫姆沙漠（Karakum Desert）一片寧靜廣袤中，為一個幅員縱橫約69公尺、最深下達30公尺的碗狀坑口。如果一般流傳的故事確實可信，那麼這就是一次針對傲慢的震撼教育，更需謙虛面對隱藏的地下世界各種未解疑問。

傳說1971年，蘇聯礦工正在該地區鑽地，地面卻開始破裂，他們腳下突然打開一個巨大洞穴。確認過這個自然形成的坑洞（同時附近也開了幾個小一點的洞）正像在打嗝一樣吐出大量有毒氣體如甲烷，他們立刻決定點燃天然氣，等個幾天或幾週，直到它燃燒到除了地上一個洞外什麼也不剩。不過半世紀後，那把火仍熊熊燃燒，抹滅了所有認為燃料將隨時燒光的想法。

上述一切是真的嗎？也許是，也許不是。無論如何，顯然沒有什麼確切證據，只是在這個就都市傳說而言很不都市的地方，不斷重複這個過程。但是，這把彷彿永遠燒不完的火確實暗示著地表下蘊藏多少天然氣，以及要容納這麼大量的天然氣，需要何等規模與類型的地下洞穴。

據說該處溫度高達攝氏1,000度，數十年來成功擋下所有主要的科學遠征隊進坑口考察。但在2013年11月，加拿大人喬治·康羅尼斯（George Kourounis，他自稱「探險家」兼「追風者」）成為有史以來第一名大膽躍下達瓦札深淵的人。為了抵擋高熱，他穿上未來科技的熱反射衣，配備特殊設計的呼吸器及耐熱護帶，好下降至熾熱的坑中。他只希望能為一個極度簡單、卻十分有價值的問題找到答案：在如此極端的情況下，到底有沒有生命存在——即便只是小小的微生物。

當康羅尼斯成功從下降再回地表的這趟烤焦之路存活，他能夠確定表示：沒錯，他在坑底找到了細菌，正快快樂樂住在這個煉獄正中央。那確實是在圍繞坑口的土壤中沒找到的細菌，在在表示達瓦札極度熾熱的環境中存在著一個獨特的生態系統。

↑
達瓦札的火焰已燃燒半世紀，其天然氣卻完全沒有要燒完的徵兆。

　　如康羅尼斯這趟努力所示，有效刺激眾人有動機去研究達瓦札嚎吼火焰中的有機體，作為宇宙某處可能有生命存在的替代方案。在這麼極端的環境下，地底竟還能有細菌存在，這就打開了一扇大門，暗示著就算在超級熱的星球——甚至充滿甲烷的大氣中——也能發現微生物（或更先進的物種）。畢竟，先前這種想法會被斥為荒唐。地下世界與外太空的祕密，也許比想像中擁有更多共同點。

首都圈外郭放水路
G-Cans

為了保護東京而建
世上最大地下疏洪設施

日本

N 35° 59′ 32″
E 139° 46′ 44″

位於東京下方的巨大洪
水排放設施，規格可比
大教堂。
→

1958年，狩野川颱風重創日本東京市中心，風速高達每小時200公里，帶來暴雨，引發數百起土石流，淹沒50多萬戶人家。該市有超過200人喪生，此外，全國各處有1,200人死亡。

可是這並非單一次事件。反之，這只是東京本世紀殘忍無情的淹水事件其中一章，最開始是1910年淹沒該城市的大雨，使得近20萬家園遭到淹沒，上百人失蹤。1917年，這樣的災難再次發生，高漲的水勢奪走超過千人性命。接著在1940年末，連串強烈且具毀滅性的颱風橫掃而至。經過1958年的破壞力驚人的災難後，各種各樣的保護措施，諸如防潮堤、水門一個個裝設起來。然而，該世紀後半段仍持續見證城市受季節性暴雨侵襲，大水無處可去，只能流入街道和居民家中。包含1966年的大颱風，以及1979年日本受狄普颱風猛烈衝擊——這可能是有記錄以來最強的暴風。

假如你打算刻意設計一座易淹水的都市，恐怕很難找到比東京更完美的地方。該城市不只建在江戶川岸邊（該河川的名字在在提醒大家該城市在1868年前名叫江戶），還有荒川、中川、綾瀨川、隅田川，再加附近多條稍小的水路。東京坐落在這麼多水路旁邊，儘管極利國際貿易，卻也在城市發展中逐漸變成一大危

中島

大塚

倉松川

川　端

本郷

幸松川水路

不動野院

4

4第四水槽
幸松川水路

3

3第三水槽
倉松川／中川

5

5第五水槽
大落古利根川

大落古利根川

濱川戸

春　日　部

谷原

南

北

江戸川

18號水路

櫚

上金崎

中川

1

1庄和排水機場

2

2第二水槽
第18號水路

下柳

西金野井

米島

藤塚

0   1公里
0   1/2英里

機。圍繞東京灣的沖積平原水流緩慢，只是徒增問題，因為水流必須花很長時間才能離開氾濫平原、進入海洋，使得不斷從更高處沖下的洪流得不到空間。

1980年代末，這10年間，日本再度屈服於幾乎每年一度的連續淹水事件——部分肇因於居住於此不斷增長的人口，促使都市持續外擴，往周遭沼澤與稻田填海增地。日本當局決定採取重大行動，開始醞釀應對計畫，於1992年完成專案委任，著手進行被稱為「世界最大排水管」之工程。這是一個長期性的公共建設計畫，將能處理未來威脅城市中數以百萬計居民安全與生計的每一次淹水。

當它終於在2000年末完成，最終成品——首都圈外郭放水路（Metropolitan Area Outer Underground Discharge Channel）獲得一個親切暱稱：「G-Cans」計畫。它確實成為一個龐然巨物，深埋在街道下方，成為世界上最巨大的地下疏洪設施。其加壓系統能輕而易舉使多餘的水改道，主要水槽巨大而空曠的內部位於地下22公尺，龐大得令人卻步。看起來比實際18公尺的高度還高的59根柱子，隔開了地面和天花板，使得在底部走動的人有如行於空盪船艦的船殼中一隻小小螞蟻。該設施長達177公尺、寬78公尺，遠遠延伸，幾乎不見盡頭。擁有規模如此雄偉的基本建設，無怪乎會被拿來和競技場甚至大教堂比較。

5座巨大水槽——個個都能容納倫敦的納爾遜紀念柱——的泵動力皆能將該儲水設施中等同奧運等級游泳池的水量在數秒內排除，迅速穿過一條長度超過6公里的隧道網絡，最終將多餘洪水傾倒進大江戶川、送入海洋。

至今，這個過程每年平均需進行7次，可是未來狀況則相對不確定。隨著城市成長、雨水增加、海洋上升，東京有許多人發聲表示擔憂，不曉得這個地下泵水系統的大小是否足以應對更多難以預測的氣候衝擊。數以百萬計人的生計、上千人的性命皆懸於

↑
作為世界最大地下疏洪設施，東京的G-Cans需由中控系統進行謹慎的協調。

一線。如今當局被迫面對一個不安的可能性，也就是：也許連這個巨大設施都不足以容納未來的淹水。東京的21世紀，也許還未走到最激烈的高峰。

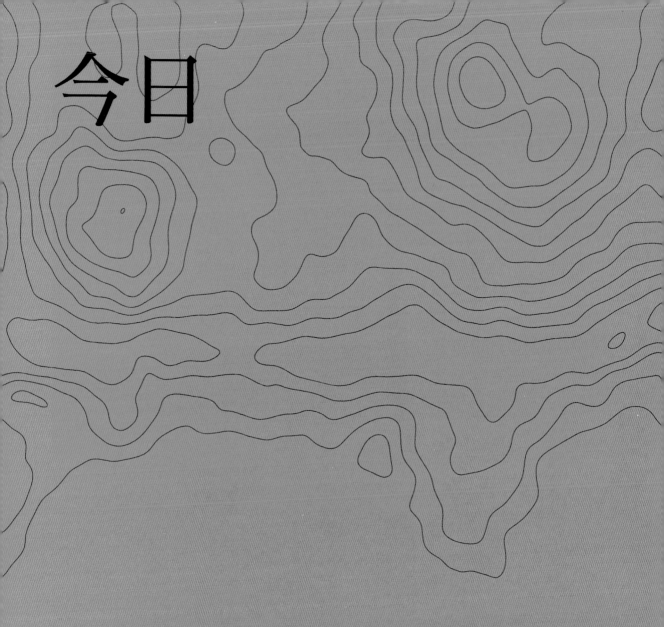

今日

大型強子對撞機
Large Hadron Collider

世界最大且最強的粒子加速器

瑞士／法國

N 46° 16′ 26″
E 06° 04′ 19″

　　「世界末日！」小報頭條如此吶喊。此時是2008年9月，新聞記者剛剛揭發了一起由瑞典科學家策劃、長達10年的陰謀，他們建造了一臺超級機器，能夠進行不久即被暱稱為「大爆炸」（Big Bang experiment）的實驗。他們說明，這項實驗是要以接近光速的速度讓次原子粒子（subatomic particle）對撞，模擬宇宙誕生後產生的情景。這些末日預言者向讀者保證，假使發生最糟的狀況，我們可能會目睹小型黑洞的形成，而且它將迅速擴張，吞沒地球和地球上的每個人。甚至有人採取了法律行動試圖阻止機器啟動，許多人陷入歇斯底里的反應。

　　不過現實層面似乎沒那麼世界末日，雖然說同樣很有新聞價值。真正的情況是這樣的：位於日內瓦的歐洲核子研究組織（European Organization for Nuclear Research）——歐洲一間原子物理實驗室，一般所知的名稱是CERN（先不說別的，就是它創造了全球資訊網〔World Wide Web〕，亦即現代網路的關鍵構成要素），花費數年升級他們的大型電子正子對撞機（Large Electron-Positron Collider，簡稱LEP）。LEP這個龐大機器的製造可回溯至1981年5月，其目的是要刻意讓小的電子與相對的反物質，亦即正電子對撞，以促進針對玻色子的研究，也就是在量子力學運作中占有關鍵地位的次原子粒子。因此必須在日內瓦下方建造27公里的圓形

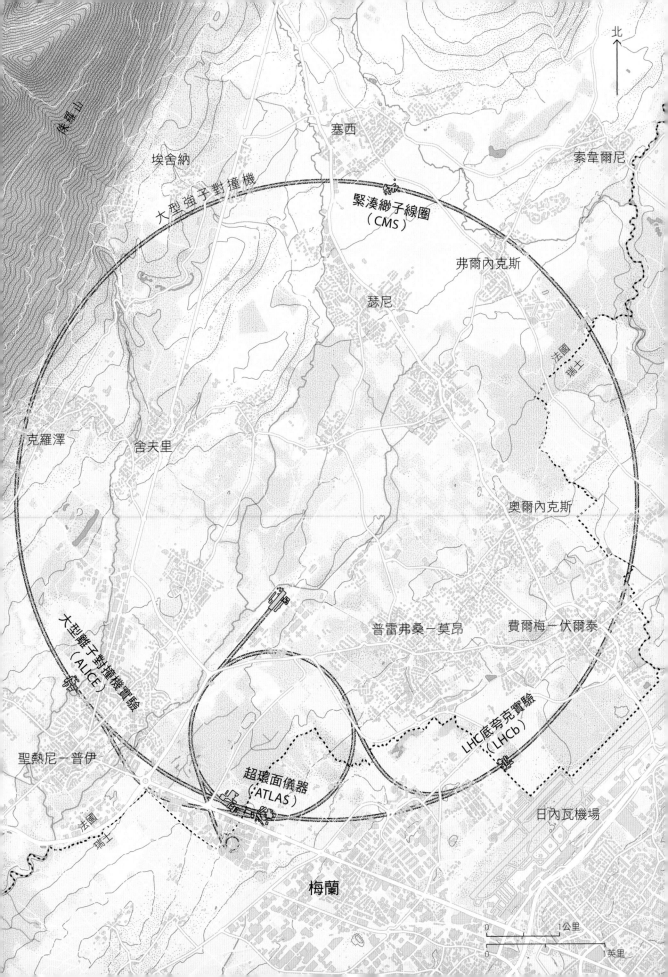

北

侏羅山

塞西

埃舍納

索韋爾尼

大型強子對撞機

緊湊緲子線圈
（CMS）

弗爾內克斯

瑟尼

法國
瑞士

克羅澤

舍夫里

奧爾內克斯

大型離子對撞機實驗
（ALICE）

普雷弗桑－莫昂

費爾梅－伏爾泰

LHC底夸克實驗
（LHCb）

聖熱尼－普伊

超環面儀器
（ATLAS）

法國
瑞士

日內瓦機場

梅蘭

0　　　　　　　　　公里

　　　　　　　　　英里

隧道，總共需要3臺全斷面隧道鑽掘機，花費3年時間才能挖出這樣一個區域，使其成為歐洲當時最大土木工程計畫。隧道終於在1988年2月竣工，LEP於之後的夏天開始運作。

這回野心滿滿的全新升級——在LEP隧道本來就有的地下設施，安裝世界最大、最強的粒子加速器——起始時間最早可推至1984年。它確保研究方面的一大躍進，並且說不定能發掘與宇宙本質有關的深奧科學解答。然而，它也遭受質疑，人們不確定是否真的需要這樣一臺機械。尤其美國亦有興趣在德州瓦克薩哈奇（Waxahachie）一條87公里的隧道——超過巴拿馬運河的長度——建造他們自己的超導超大型加速器（Superconducting Super Collider）。儘管遭受反對，歐洲核子研究組織的提案仍持續推動，尤其到了1993年，美國政府判定，因為費用暴增，決定在建設開始後兩年投票取消其計畫。

一年後，大型強子對撞機（Large Hadron Collider，簡稱LHC）正式通過興建許可，目標是建造一臺可容傳導速度近光速的高能量量子光束對撞，並解開各種謎團，諸如夸克的本質，以及在這種強大速度下，衝撞餘波中短暫燃燒的小型「火球」散發出的其他粒子。

當LHC終於打開開關時，卻未完全按計畫走。世界沒有完蛋，可是最初的實驗倒是砸了。一次失誤導致冷卻液漏進隧道，37顆磁鐵需進行更換，之後LHC才終於能上軌道、順暢運行。然而科學家的堅忍不懈在幾年後得到回報：傳說中的希格斯玻色子（Higgs boson）成功於2012年7月得到確認。所謂的「上帝粒子」（God particle）是近半世紀前由英國物理學家彼得·希格斯（Peter Higgs）預測存在的物質，其後也使他在來年贏得諾貝爾物理學獎。

LHC的隧道位於法瑞邊界下方100公尺，位於日內瓦郊區，那裡僅能見到平凡無奇的停車場與辦公區域，關於地底下正在進

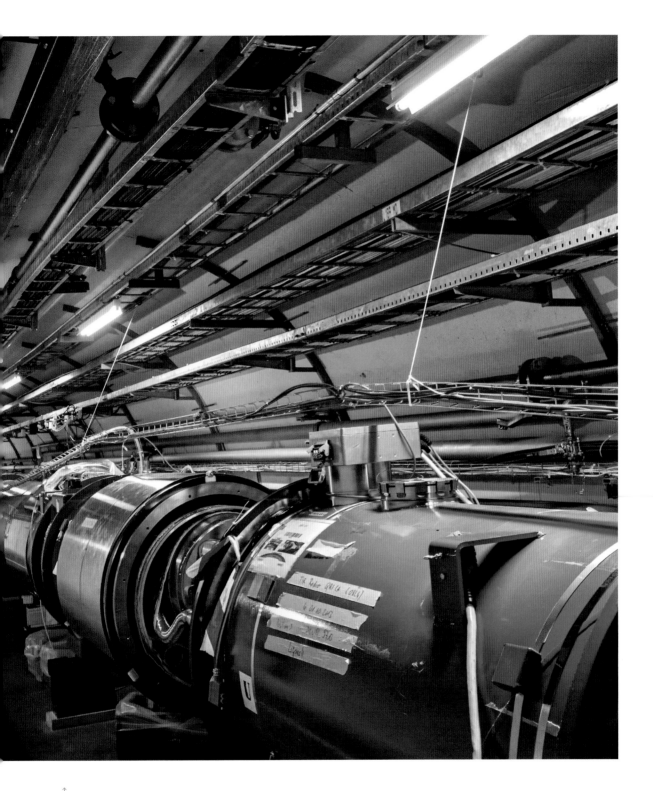

↑
這條容納大型強子對撞機
的隧道未來感十足,如同
月球,沒有一絲大氣,並
且冷卻至接近絕對零度。

行什麼詭異實驗，沒有洩漏過多線索。運行時，隧道簡直冷到匪夷所思。為了製造讓實驗得以進行、不可或缺的強大磁場，隧道中列放上千超導磁鐵，在120噸液態氦幫助下，以低溫冷卻至攝氏-271.3度，幾乎等同傳說中的「絕對零度」。這裡同時也是世上最大的運轉中真空系統，空得就如月球上的大氣。

儘管LHC距離退休年紀還遠得很（預計還能運作20年），官方已宣布進一步將其升級為「高亮度（High- Luminosity）LHC」的計畫，估計從2026年開始運作，亮度（光源或輻射的測量單位）增加10倍。這種規模的升級能產生更多碰撞，製造比原先多上百萬的玻色子、進行研究。

然而，這個新發明如果和CERN剛釋出的粒子加速器計畫相比，彷彿小蝦米一隻。倘若真的著手建造比LHC大4倍、強6倍的「未來圓型碰撞器」（Future Circular Collider，FCC），它將位在一條長至100公里或以上的隧道。日內瓦地下世界的科學冒險，才剛揭開序幕。

奧塔伊梅薩
Otay Mesa

位於墨西哥與美國之間
十數條偷渡隧道

美國／墨西哥

N 32° 32′ 45″
W 116° 58′ 14″

在地面上，有條象徵性的線橫跨大陸，將地球表面分割成受歡迎和不受歡迎的區塊。警察檢查文件、要求回答、然後作出會改變人生的決定。巡邏警員在這些邊界來來回回，駕駛著休旅車密切關注防禦設施上的漏洞。可是，他們腳下卻有著截然不同的世界。它公然反抗地表強行建起的雙重結構。在這底下，不但有打破規矩的動機，也有能力這麼做。在底下的世界，邊界可以無視，監視攝影機看不見你，文件無關緊要，勾勒出領土主權的線條則變得模糊許多。

當代來說，地質學很難不政治化。土地有著巨大的象徵意義，尤其若和由一個或多個政治原則鞏固的文化敘事有所重疊。凡是受國家主義支配的地方，邊界等同熱點，此處集中了雙方的張力、恐懼與憤怒，還有慣常出現的衝突。儘管並不一定每次都會擴大成嚴重暴力，就算只是允許或不允許物品（或人）跨越向來反覆無常的邊界限制，都會引起小規模爭執。然而，如同這些人的說法，規矩就是用來打破的。而當邊界成為持續存在的問題，地下則提供了令人期待的新角度，可試圖規避這些規矩。

這裡是世界最嚴加看守又高度政治化的國界之一——同時防禦也最滴水不漏。這條線從提華納（Tijuana）的太平洋海灘一路延伸到注入墨西哥灣的格蘭河河口（Rio Grande），總長3,111公

里，分隔美利堅合眾國與墨西哥合眾國。順著這條路進行旅程（而且有1/3以柵欄圍起）能夠近距離體驗到一切，從高低起伏的山脈、蜿蜒奔流的河川，再到變幻莫測的滾滾沙漠。防止人（及特定違禁藥物）跨過這個領域，成了美國人的某種執念。可是，仍有一個地下世界能提供方法，躲開地表上的高強度詳查。

百萬年前，奧塔伊梅薩是深在水底下的海岸台地，當東方的聖伊西德羅山（San Ysidro Mountains）上升，該區域因為從山脈流下的水而沉積、形成表土，留下砂岩、泥沙外加黏土組成的低矮高原。這短短一截地帶現位於墨西哥北部與加州南部邊界——更精確的說，是在提華納機場與聖地牙哥奧塔伊梅薩區。而這個半乾燥處的獨特地質狀態，使得它非常適合進行一項特殊活動：挖隧道。只要避開西側潮溼、多沙的土壤，及東側聖伊西德羅山硬得無法穿透的火山岩，就能在易延展卻結實的膨土上挖開地洞，鑽到邊界下方，從另一側冒出來。這麼做通常只需要一把鏟子，而且幾乎不需要外部支援。

毒品走私犯（尤其是人稱錫納羅亞販毒集團〔Sinaloa Cartel〕的組織犯罪集團，1980年代和1990年代早期，由惡名昭彰的華金・「矮子」・古斯曼〔Joaquín 'El Chapo' Guzmán〕帶領得風生水起）能夠藉此將非法貨物，諸如種植在墨西哥錫納羅亞州和索諾拉州的大麻，成功運送到提供賺錢商機的美國。這條隧道也讓走私人口販子能在不被注意的狀況下，輕輕鬆鬆將渴望移民的人悄悄從邊界下方送過去。

更方便的是，圍繞著聖地牙哥和提華納周邊區域各項繁忙的產業競爭激烈，代表這個產業所需的重型工具和設備一點也不顯異常可疑——尤其，當洞穴入口藏在安靜的商業大樓底下，其中也包含倉庫及工業規模的廢棄物處理設施。整個歷史上，就算沒有上千也有上百條非法隧道，就建在美墨邊界下方，不過很少有地方能像奧塔伊梅薩一樣，占盡天時地利。

北

布朗菲爾德市立機場

奧塔伊梅薩

商業園區

烏魯克峽谷

自前找到最長隧道

美國
墨西哥

提華納國際機場

布宜納威斯塔

下加利福尼亞州
自治大學

提華納

賈米薩

歐拉契亞

提華納河

0　　　　　　　1公里

0　　　　　　　1英里

2019年8月，該區域發現一條隧道，稱得上是這些工程計畫發展到極致的最佳範例。總長達1,313公尺，是有紀錄至今貫穿奧塔伊梅薩地區最長的隧道，它成功跨越邊界下方，平均地面下深度在21公尺左右，而且高度足以讓成人直立身體。這裡還發現配備完善、能運行整條隧道的軌道，外加照明燈光、可運作的通風裝置、高壓電纜，以及將不需要的水用泵排出的系統。其他隧道中甚至發現兩端的簡陋梯子改換裝上輸送電梯，以便迅速移動大量迷幻藥物穿過地底。

這些隧道一旦被政府當局找到，多半會快速被連根拔除、填起並消滅，省得以後遭惡徒投機取巧、拿來利用。儘管邊境官員對於躲在隧道的對手採用的小花招司空見慣，仍難以掌握有效的偵察方式。奧塔伊梅薩地區的運作規模，加上職業罪犯持續進化的各種招數——挖在租賃房屋地下室的隧道，或設計以運送貨物的卡車：安裝可拆式底板，能直接停在打開的人孔上方。在在表示這場非法走私的軍備競賽必會持續「升」級（不知怎麼，就譬喻意義上反了過來），達到地底更深處。

在奧塔伊梅薩，犯罪者打造巧妙的長隧道，好避開地表上嚴格取締的有關當局，以走私非法物品。

←

瓜地馬拉市沉洞
Guatemala City Sinkholes

瞬間吞沒城市街道的巨大沉洞

瓜地馬拉

N 14° 36′ 49″

W 90° 30′ 42″

強風嚎吼、大雨狂掃，街道變成河流。熱帶風暴阿加莎（Agatha）於2010年5月末自太平洋登陸，一路留下蹂躪過的軌跡，造成中美洲各地上百人命傷亡，此時正籠罩首都瓜地馬拉市。當城市中的百萬居民正在尋找避難所，等待每年一度的颶風季節開頭過去，第2區一棟建築確切感受到地動天搖。這棟3層樓的紡織工廠座落在靜謐北邊郊區11A大道與6A街轉角，突然之間毫無預警地倒下。幾秒間，地基完全塌陷，整棟建築不見了，消失在一個巨大坑洞中。震驚的鄰居發現自己竟搖搖晃晃站在（無論從哪個層面看）通往地球中心的絕崖邊緣。

瓜地馬拉市遭受沉洞襲擊，而且尺寸不小。沉洞（有時也稱石灰坑〔doline〕）通常會在地表層坍塌、暴露悄悄於地表下形成的空間時，自然出現。沉洞多半由水造成，不是因為地下河或地下溪流的作用侵蝕支撐岩石，就是水滲透過表土，致使下方周圍的土壤無法支撐其重量。

任何沉洞的壽命與特徵端看下伏地質決定。在柔軟含沙的土壤，沉洞看來相對淺，也無能承受太多壓力，因此表面物體才會坍落到下方形成的空間。然而，在較堅固的地區，如喀斯特石灰岩或黏土，慢慢受地下水侵蝕出來的地下空間能擴展得相當大。當它們終於拜倒在無法避免的強大地心引力腳下時——觸發這情

北

薩克蒂區

艾卡拉

2010沉洞 ∙

2007沉洞 ∙

歷史特區

薩瓦納阿里巴

瓜地馬拉市

欽塔薩瑪優

聖羅西塔

特昆烏曼

里程石

瓜地馬拉市機場

0   1公里

0   1英里

墨西哥

瓜地馬拉

太平洋

帕卡亞火山 ⌂

瓜地馬拉市

薩爾瓦多

阿加莎風暴行經路徑
2010年5月59日-6月1日

← 沉洞暴露了瓜地馬拉市
居住區立足的地基是何
等脆弱。

況的潛在不穩定因素應有盡有、種類繁多，從豪雨到極度乾旱都
有可能——便會暴露出巨大的洞穴。這些洞穴足以吞沒人車，還
有建築——若以瓜地馬拉為例。

　　針對2010年事件的新聞報導，焦點放在開在城市之中的沉洞
有多巨大，大小約20公尺寬，60公尺深，此外更是首都街道被戳
出的俐落孔洞，堪稱一個完美的圓形裂口。有鑑於石灰岩並非沉
洞突如其來現身的因素，專家轉而認為，這是因為瓜地馬拉市建
於鬆軟火山浮石及其他數世紀來的噴發殘骸沉積表面的歷史。倘
若這些物質能在鋪滿水泥的地表下自由來去，這般事件自然是無
可避免。確實，這是短短3年間該市出現的第二個沉洞。2007年
2月，也是在高降雨量時期，距此不遠的地方出現了尺寸難分高
下的大洞。

　　被派來調查的專家沒花多久便將罪責指向品質低下的建設，
以及不守建築規章。他們主張，該沉洞的主要成因是基礎建設不
佳，城市下水道或排水溝很可能因熱帶風暴降下的水量破裂（附
近的帕卡亞火山〔Pacaya〕近來的噴發更無幫助，火山灰堵住了
水溝）。技術上使它成了人為事件，因此實在不能算是正規的沉
洞。但這只能帶給瓜地馬拉市居民一點小安慰，畢竟，可能一瞬
間消失在地底的未來威脅，始終存在著。

斯瓦爾巴全球種子庫
Svalbard Global Seed Vault

守護全球作物的庫房

挪威

N 78° 14′ 10″
E 15° 29′ 28″

　　戰爭、飢荒、瘟疫傳染病。全球糧食供應崩塌的情況可能會以諸多恐怖的方式降臨。如果這件事真的發生，想餵飽全世界的人將極度困難，畢竟現代農業非常需要全球貿易網絡。此外，最重要的是，為了栽種出我們需要的作物，必須小心翼翼維持這些種子的供應。

　　可食用作物不是用魔法就能變出來。打個比方，只要看看現代既甜又軟的香蕉，它的祖先是何等強韌又塞滿了種子的野生水果，就曉得今日所見作物的基因和祖先相比，經過了多麼刻意的改造。只有經歷細心培植和馴養——有時需時好幾千年，外加全世界的當地社群努力——才得以擁有現代社會享有的常見蔬果。如杏仁、甜玉米到紅蘿蔔、西瓜等等。

　　但是當地與全球性的威脅——如侵略性的害蟲與悄悄跨越國界的疾病、流失適合栽種的環境、乾旱、鹹度過高等等——危害到了發展。許多專家強調，此時最重要的任務就是確保農作物和經濟作物能長期存活，並維持糧食安全無虞。許多國家和地區記取提醒，紛紛創建種子銀行，也是為了預防未來發生最糟局面時，可以在那裡儲放當地種子。

　　可是，如果銀行本身遭到損壞，裡頭的珍貴內容物就此失去，該怎麼辦？因此需要備用計畫。1984年，北歐基因銀行（Nordic

格陵蘭海

皮拉米聲

巴倫支堡和史匹茲卑爾根島

斯瓦爾巴機場

斯瓦爾巴
國際種子庫

高原山

朗伊爾城

北

▲1,053公尺
諾登舍爾德山

0   1公里

0   1英里

Gene Bank）在偏遠的挪威北極群島的斯瓦爾巴某荒廢煤礦場，啟動一座「萬無一失」的種子儲存設施。就原則來說，這是一項了不起的成就。但隨著時間流逝，不免令人產生擔憂：這個對人類種族生存舉足輕重的設施，竟位在定期經歷高濃度碳氫化合物氣體的位置。因此，我們需要新的地點。

在眾人引頸期待中，新的斯瓦爾巴全球種子庫於2008年開張，由重新改名為北歐遺傳資源中心（Nordic Genetic Resource Centre，簡稱NordGen）的機構與挪威農糧部、全球作物信託（Crop Trust）共同管理。這座偏遠且關卡重重的庫房建在一座砂岩山脈中，位於海平面130公尺以上，並成為分毫不收、守護世界種子多樣性的最後手段，以防全世界區域性與全國性的種子銀行網絡遭遇災難性的變動。這就像是果實版本的時間膠囊，深深冰凍在北極群島斯瓦爾巴覆蓋永凍土和冰川的地形中，埋入北極圈1,300公里裡頭。

種子庫由機器降溫，維持於攝氏-18度，好確保低微生物活動的狀態，並且期望著即便冷卻系統失效，斯瓦爾巴自然的冰河環境也能維持足夠嚴寒的溫度，以免裡頭的無價資源受到損傷。

就一個重要設施而言，它顯得相對簡樸。整個計畫是設計以最低人工需求運行，員工只會在新存貨安排抵達時出現。在氣勢恢宏的外門裡，有著往下傾斜的工業風黑白隧道，搭上彎彎曲曲的水泥金屬牆，接著通過好幾道嚴實封起的門，前往主要庫房，而它埋在山中越過100公尺深的位置。

該計畫展現出的野心仍是舉世注目的奇蹟。3,000個分門別類、費盡心思密封在主要庫房的箱中，收藏了超過百萬件種子樣本，由超過6,000個不同植物品種組成。儘管這數量令人印象深刻，該設施能容納的數量其實更大，還有兩個目前未使用的庫房，使得此處擁有儲藏高達450萬各種作物的能力。每種作物約500顆種子，表示單這一棟建築就能容納驚人的22億5千萬顆種子。

↑
從外面只能看見全球種子庫的入口，其餘都埋在山脈內部。

↑
來自全球各地的種子安
全收在斯瓦爾巴地底
下，在偏遠環境中被冰
保護著。

根據全球作物信託表示，種子庫存有「世上最多樣化的食用作物種子收藏」。幾乎來自全球所有國家的種子在這裡一應俱全，範圍涵蓋日常主食，如小麥、玉米、米、大麥、高粱、馬鈴薯、鷹嘴豆、花生、燕麥和豆子，外加這些作物的多種野生近緣種。這些多樣性更反映在存放者的折衷主義上——有英國皇家植物園（Royal Botanical Gardens at Kew）提供的野胡蘿蔔和蘭花，也有美國當地原住民切羅基國（Cherokee Nation）的糯玉米和豆子。

　　有趣的是，種子庫現在沒有（未來也不會）包含任何所謂「基因改造」的作物，挪威當地明文禁止進口或儲藏這些作物。至今只有一次重大事件，導致存放者申請回收先前存入的種子。2015年，國際乾旱地區農業研究中心（International Center for Agricultural Research in the Dry Areas，簡稱ICARDA）無法進入位於敘利亞阿勒坡的銀行，亟需重新補充小麥、扁豆、鷹嘴豆和其他作物的存貨，以移居至位於摩洛哥和黎巴嫩的新設施。

　　而且，彷彿覺得偏遠的位置和密封的門還不夠滴水不漏，這裡還有一支非官方的保安部隊：四處遊蕩的北極熊。不過即使都這樣了，似乎仍有所不足。2016年末，溫度異常的北極高溫意外導致大量雨水（而非預期的輕微降雪）降在斯瓦爾巴，表示向來包圍全球種子庫的永凍土遭侵蝕進來的雪融水替代。水穿過外門、流進內部隧道、結成了冰。在這起事件中，深埋山中的種子庫毫髮無傷、平安存活。儘管後來花了2千萬歐元，升級隧道的防水等級，以抵擋可能再度發生的意外。種子庫仍會繼續增強，承受未來拋來的任何變化球，尤其是因氣候變遷而不斷增強的衝擊。

赫爾辛基地下城
Helsinki Underground City

地下城市的另一身分

正是位於地下的城市堡壘

芬蘭

N 60° 10′31″

E 24° 56′07″

警笛呼嘯、燈光閃爍、人們四處奔跑。在未來的場景中，很可能出現這種情形，芬蘭與首都赫爾辛基發現自己正遭受攻擊與（或）侵略，但芬蘭人不會盲目逃往邊界，因為有個精心布置、位於地下的庇護所正在等待他們。該處空間之大，甚至能容納整座城市的人。

芬蘭人對他們的鄰居如此慎防可說合情合理。1939年末至1940年初，在被稱為「冬季戰爭」（Winter War）的4個月中，兩個主要參戰者（俄羅斯，當時仍是蘇聯）隨著二次世界大戰初期一些小規模衝突一同陷入混戰。也許在俄羅斯和芬蘭以外的地方鮮為人知，此事卻在芬蘭人的心中留下難以忘懷的印象，甚至可說深深鑽入國民心理之中。儘管蘇聯在芬蘭邊界方向1309公里部署了百萬以上軍人，想在鄰國土地做出重大突破的意圖仍然失敗。這都多虧了團結且防衛心滿滿的芬蘭人展現頑強、精鍊的戰術，外加蘇聯做出不智決定，在嚴寒的北歐冬天發動如此大型的軍事干涉。芬蘭確實失去了一些領土，但國家絕大部分都倖免於難，整體並無受到侵略。

戰後年代，芬蘭雖加入歐洲鄰人的多邊國際組織，如歐洲自由貿易聯盟（European Free Trade Association，簡稱EFTA）和歐盟（European Union，簡稱EU），卻選擇不加入更以軍力為重點的北

北↑

奇維哈卡

昆普拉

帕西拉

羅斯凱索

勒卡索

亞比拉

赫爾曼尼

奧林匹克體育場

卡拉斯塔瑪

蝶略

卡利奧

赫爾辛基

赫爾辛基動物園

赫耶坦尼米

中央車站

國會大廈

參議院廣場

康皮區

總統府

羅霍拉赫蒂

紅山區

赫爾辛基天文臺

卡伊沃

艾麗婭

雅卡薩里

木奇薩里

蘭西慕斯卡

波羅的海

地下設施（現存）
地下設施（規劃階段）

0　　　　　　　　　1公里
0　　　　　　　　　1英里

大西洋公約組織（North Atlantic Treaty Organisation，簡稱NATO）。反之，芬蘭人決定在東與西之間的競爭力量中暫時作壁上觀，即使前蘇聯表示附近的波羅的海國家，如愛沙尼亞、拉脫維亞和立陶宛都自願簽署NATO。因此，倘若俄國今日再次發起新一波入侵行動，NATO並不會自動作出即時反應，因此，理論上芬蘭人不得不再次進行自我防衛。

因此合理推測，在波羅的海邊緣、芬蘭首都的寒冷街道底下建一座巨大地堡該是多麼誘人的想法。2000年初期，赫爾辛基都市計畫委員會及其他行政機構開始進行正式商議，討論是否能就1980年代起就在赫爾辛基下方，現存但相對小的地下空間進行擴張。隨之而來的策略花費近十年進行規劃，不過在2010年末，赫爾辛基市議會終能揭露如今舉世聞名的地下整體規劃（Underground Master Plan），全世界第一個城市規模大小的地下結構，包含200公里的通道、避難所和基礎設施（如維生用水及網路設備），全部於岩床開挖，像盤義大利麵那樣從城市中心下方向外擴散，讓整座城市超過60萬名居民能在侵略發生時快速轉往地下。

這一切都讓人十分興奮，也具有頭條新聞性。不過芬蘭的地下城市不僅僅是個美化過的藏身處。在昇平年代——至今而言——這些便利的地下設施僅是複雜都市計畫的一部分，目的是要將公共與私人設施（如店鋪和教堂）移至地下，也有部分原因是要克服漫長的波羅的海冬天，在此時期，赫爾辛基每日僅能獲得6小時日照。同時也有許多首都地下都能找到的大眾交通工具、排水系統和電纜。赫爾辛基埋在地下的設施還包括運動場和停車場等等大型開放空間，畢竟要在地面上找到空間，絕非易事。據估計，赫爾辛基地面每100平方公尺就有1平方公尺的地下空間，而且還在持續擴大。當然，倘若出乎意料的災難真的發生，許多空間都能快速調整用途，變為緊急避難所。

教堂和休閒中心等地
下設施，都是赫爾辛
基轉為複合式半地下
首都的一部分。
↓

科盧韋齊礦場
Kolwezi Mines

為了取得現代機械裝置所需的主要金屬

許多礦工賭上了性命

剛果民主共和國

S 10° 42′ 22″

E 25° 26′ 32″

　　一般智慧型手機約含31公克的鋁、19公克的鐵和8公克的銅，外加其他微量金屬，如金、鎢和鎵。為了製造技術層面如此繁複的機械，必須謹慎地融合由全世界蒐集來的特定資源。21世紀其他極具象徵的先進裝置——從平板電腦到電動車——情況也非常類似。在諸多不可或缺的材料中，沒有什麼比鈷（cobalt）更關鍵、更競爭、更無法無天。

　　鈷是鋰離子電池的關鍵成分，在一般智慧型手機中約占7公克。但是不得不說，該金屬的來源爭議頗大。從華麗的大街上高調炫耀這些時尚裝置、屬於末端的零售商，透過中國廣州的工廠城市深圳，以及其他製造這些物品的地方，若要找出這些材料的源頭，我們需回溯上千英里、跨越印度洋，從坦尚尼亞和南非的海港，來到剛果民主共和國的東南一隅，這些閃亮小玩意兒的背後，藏著骯髒的小祕密。

　　無論從現實與商業層面，剛果共和國的鈷礦現況，與用這些金屬做成的裝置在商業面向的理想烏托邦樣貌十分不同。由上方鳥瞰，大地顯然被切成兩半，有條巨大而深長的脈礦橫過地形。這裡就是在全世界鈷礦中占有重要比例的地方（以氧化生鏽的水鈷礦岩石型態呈現）。它會先進入全球市場販賣，最終落入世界幾間最富有公司的手中。

北

基雅拉

卡莫托

卡坦加

卡蘇魯

迪拉拉

科盧韋齊

科莫多

科盧韋齊機場

⚒	工業礦場
·	徒手採礦場（已知）
	喀拉哈里沙漠
	羅安組地層（富有鈷與銅）
	上昆代隆古
	下昆代隆古
	大礫岩
	底礫岩
	基岩

0　　　　　5公里

0　　　　　3英里

剛果共和國握有約半數的全球儲藏量，製造世界年供應量60%的鈷，其中大部分集中在科盧韋齊及南部其他區域。該產業靠的是從中非這個偏遠地區土地上搜刮來的金屬，由估計15萬名（可能更多）非正式工人進行，他們被稱為「淘礦者」（creuseurs）。剛果共和國的鈷專家相信，國家出口約1/5都是靠這些工人的辛勞，與其早期的挖礦努力獲得。隨著需求增加，鈷的價碼水漲船高，吸引剛果共和國更多人嘗試翻土賺錢。

只要走一趟科盧韋齊的徒手開採礦場，就能揭開這艱苦殘忍世界的真相：泥濘的隧道，用蠻力挖入紅土之中。地道黑暗，滿是毒粉塵，而對於在此工作的人，還得加上對於淹水、致人於死的崩塌、或被活活埋住這樣揮之不去的恐懼。一條細管連接一個既小又髒的通風口，只靠它引入新鮮空氣，抵擋隧道中累積的甲烷和其他危險氣體。底下有上萬淘礦者——窮困潦倒的男人和男孩——日日工作12到20小時，一天卻只獲得1、2塊美金。他們沒有安全防護，也沒有鞋子；沒有地圖或適當工具，沒有專業訓練或公司支持，倘若生病或中毒，也得不到醫療照顧——而那甚至是因為他們在底下尋找的物質所造成。

那些進不了隧道的人可以去翻工業用礦場丟棄的副產品（通常赤手空拳）碰碰運氣，其危險程度也不相上下。女人和小孩會花好幾小時在汙穢含毒的河中淘洗未加工礦物，這是費力的勞動，卻也因此能得到餬口的微薄津貼（然而這也和居高不下的胎兒先天缺陷有所連結）。社會運動者則認為，這份工作有如現代的奴隸制。

有很多地方的地底都藏有這世界可能不想知道、令人不安的真相，科盧韋齊並非唯一。可是無庸置疑，剛果共和國浮上檯面的情境和故事，描繪了最觸目驚心的一幕，述說了虛有其表的當代21世紀生活，有多麼倚靠從土裡深處，有時甚至是悲慘之中挖出來的原物料。有些發生在地下的事，就該暴露在陽光下，無論我們目睹它的揭露後作何感想。

↑
由於對鈷和其他金屬的
旺盛需求,促使成千上
萬的剛果共和國人民投
入高危險且非正規的採
礦工作,有時被認為無
異於現代的奴隸制。

耶路撒冷墓園
Jerusalem Cemeteries

為了緩解壅塞
著手打造地下新墓園

以色列

N 31° 47′ 51″
E 35° 10′ 27″

　　耶路撒冷市的地下世界可說——事實也是如此——滿載了文學作品。如果某地是涵蓋全球超過半數人口的三大主要亞伯拉罕諸教（Abrahamic，亦即伊斯蘭教、基督教和猶太教）聖地，單一個地方能容納的歷史建築與工藝品不過量也難。這個擁擠、競爭、有著祥瑞意義的美麗中東大都市，聚集了高聳而且現代的辦公大樓、購物中心、科技園區與有門禁的社區，下方埋藏許多迷人的地下空間。最知名的開挖之一，可能是由英國考古學家查爾斯·沃倫（Charles Warren）於1860年晚期授命進行的那回，特別是在舉世聞名的聖殿山（Temple Mount）附近。然而，其後一個半世紀期間，仍持續有新發現浮上檯面。從浸禮池到羅馬採石場，再到一條幾乎消失2,000年的600公尺街道。全在古城4塊傳統居住區下方擴散開。

　　就普世概念，地底自是亡者最常見的旅途終點。但在耶路撒冷，這條傳統路徑發生了真正的大塞車。從歷史角度來看，神聖的橄欖山（Mount of Olives）——對猶太朝聖者是十分重要的聖地（此外也是來訪旅客中人氣不墜的景點）——儼然成為許多人選擇的埋葬處。然而，就像每座墓園，它總有空間限制。目前擁有超過12萬登記在案的墳墓，如今已快要達到最大容納量。擴大實在

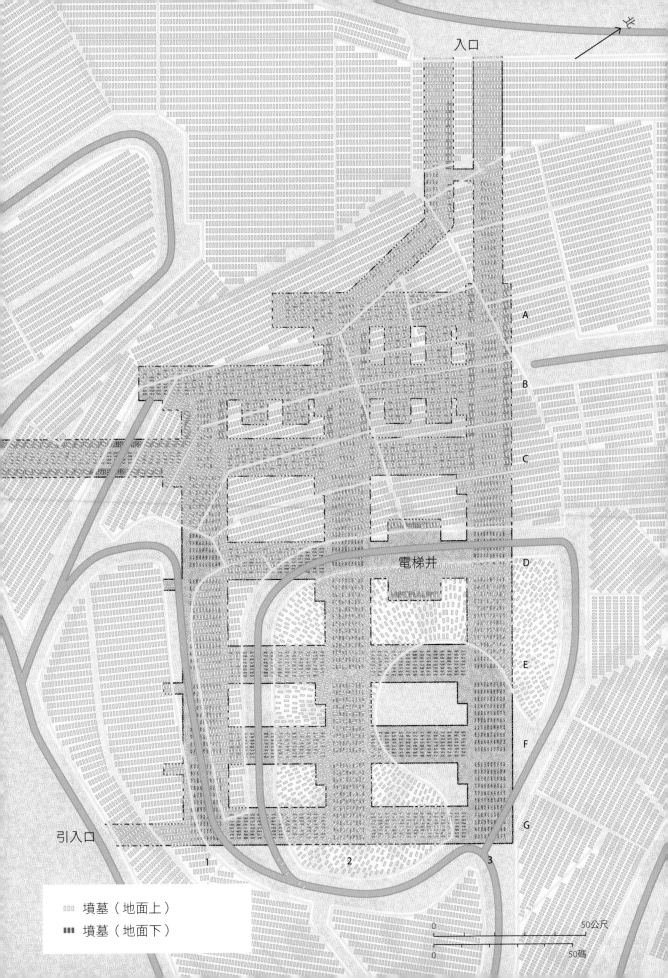

入口

A

B

C

電梯井

D

E

F

G

引入口

1   2   3

北

墳墓（地面上）
墳墓（地面下）

0   50公尺

0   50碼

不可能，尤其橄欖山坐落於爭端不斷的東耶路撒冷，使得它無論破壞行為或地緣政治的張力，評估下來都脆弱不已。耶路撒冷仍接收遺體的大多其他墓園，要不是小得不可能這麼做，就是專門保留給政治或軍事領袖之類的顯要名人，例如赫茨爾山（Mount Herzl）。由於省空間的火葬對城市中主要的猶太人族群並非可行選項，少數剩餘的墓地每座售價高達2萬美金，因此，對更多空間的需求變得迫在眉睫。

　　「信仰盤旋於耶路撒冷諸塔之上。」（Faith hovers over the

具象徵意義的橄欖山吸引來自世界各地的朝聖者與訪客，如今已接近滿載。

towers of Jerusalem）19世紀英國首相班傑明·迪斯雷利（Benjamin Disraeli）如此說道。而今，這種塔當然變得更多，畢竟一開始針對埋葬危機的解法就是往上發展。上個世紀，納骨塔在城市郊區一齊高高聳起。吉瓦特蕭爾公墓（Har Hamenuchot）是這類設施中最大的一座，高聳籠罩著連接耶路撒冷和地中海沿岸的兄弟城市，臺拉維夫的公路上方。該設施始於1951年，現容納超過15萬過世者，而且成長快速。吉瓦特蕭爾公墓和其他公墓的「成功」，促使耶路撒冷猶太社群葬儀協會針對此方案進行擴展，推

動這些裝滿安息靈魂的雄偉高塔從沙漠中豎起，碰觸散落以色列的住宅區碰不到的天空。

然而不是每個人都喜歡這些垂直墓園，尤其有很多地方太高調，占據了耶路撒冷的天際線。於是政府當局突然來個大轉彎：往下鑽，深深進入城市腹中。他們和以色列的挖隧道公司羅爾楚爾（Rolzur）攜手合作，最近在吉瓦特蕭爾公墓下方的黏土之中建造了一座新設施：現代、地下化、總共3層、12條隧道式墳墓，擁有可容納23,000人的空間，而且未來可能增加更多。該地下設施不像地表周圍山丘上方那些地毯式散布的混亂墳墓大雜燴，它經過精心安排，以網格方式挖出縱橫交錯的俐落排列，隧道裝飾也採用搭調的未來主義，有時尚的通道、寬敞的電梯、標準通風管道及柔和的照明。現在，離世者能在舒適且有品味的環境中，過著來世的生活。

至今該實驗似乎頗受歡迎，初期設施得到熱烈的預付款，來自想在未來離開人世後保證入駐這個實驗性新空間的人。儘管據聞高達美金7,000萬的工程造價有些高不可攀，開發者仍希望以色列裡裡外外的百萬猶太教信徒，為了終將迎來的死亡，能願意繼續投資位於令人崇敬的家鄉土地。

耶路撒冷顯然位於樞紐地位，該城市不再目睹高塔繼續朝天空攀升，反而複製吉瓦特蕭爾公墓的例子，往下鑽隧道，在城市街道下方的地下墓穴歷史中再加一筆、更「下」一層樓。

這座技術先進、全新打造的地下墓園，真能解決耶路撒冷的埋葬問題嗎？
→

康宏研究站
Concordia Research Station

在冰蕊融光之前
把它從全世界的冰河蒐集過來

南極洲

S 75° 06′ 02″
E 123° 20′ 05″

在南極洲地下用冰中打造出來的洞穴儲冰，感覺有點沒意義，畢竟南極的冰塊多到有剩，盡量拿，不用客氣。可是不是所有的冰都是一樣的。事實上，就科學觀點而言，有些冰近乎無價。在最佳的情況下，它能針對我們的過去、現在——甚至包含未來——提供無價的經驗數據。

冰蕊是冰河和氣候模式的主要產物，特別是古氣候學專門領域。隨著時間推移，層層雪冰在冰層與冰川上高高堆疊，困住了一些微粒，諸如粉塵、灰燼和花粉，外加小小的空氣泡泡。若在專家手中，這些有時只能用顯微鏡觀察的細小樣本，可揭露極度有用的資訊，如該層冰形成時的環境，以及過往大氣的氣體組成。這些訊息都能透過測量二氧化碳和甲烷濃度、被冰凍的細菌特徵及困在裡面的水的同位素得知。

這些芯蕊能遠遠回溯上萬、甚至10萬年。目前從南極洲獲得最古老的冰蕊，包含80萬年之久的冰。套句NASA的話：「證據證明，冰蕊是至今最有價值的氣候紀錄之一。」而當你知道過去發生什麼，就相對可能預測未來發展。在面對不穩定性持續攀升的氣候時，這是很有幫助的一大資產。

然而，氣候變遷再次於此扮演關鍵角色，不但是實驗對象，更

南大西洋

南極圈

奧克尼

諾伊邁爾　薩納站　新拉扎列夫斯卡亞

馬特里

昭和

青年

哈雷

毛德皇后地

莫森

威德爾海

貝爾格拉諾II

中山

進度

戴維斯

倫訥冰架

柏令豪森海

90° W

南極

米爾尼

沃斯托克

90° E

馬里伯地

橫貫南極山脈

康宏研究站

凱西

羅斯冰架

麥克默多

史考特

維多利亞地

南冰洋

羅斯海

迪蒙・迪維爾

南太平洋

康宏研究站

天文實驗室

布帳篷　工作坊

嘈雜塔

無聲塔

望遠鏡

冰川避難所／冰蕊

0　　　1,000公里

0　　　500英里

↑
收藏在冰凍環境裡的冰
蕊樣本，對於研究過往
氣候的未來古氣候學家
至關重要。

是蓄意破壞者；有如法庭上的被告，又是受雇的殺手。這些冰蕊能讓科學家認知的全球問題——也就是迫在眉睫、威脅著殲滅全人類的那一個——象徵意義上，彷彿毀掉家中消防警報的火災。根據預測，阿爾卑斯山4,000冰川中有半數的冰將在2050年融光，至本世紀末最多將融掉2/3。喜馬拉雅山據傳高達1/3的冰河冰已經失去，而且無法逆轉，另外1/3預測將在2100年消失。

儘管這些時間點似乎還很遙遠，有價值的低層冰也許還沒全融光，然而表面的液態水卻往下滲過冰河、汙染了低層，混入樣本，使它們在科學層面變得不可靠甚至無用。也因此我們展開一場和時間的競賽，必須盡可能在這些等同歷史紀錄的冰川永遠失去前，盡量從中推演出訊息。

於是乎，「冰蕊記憶計畫」（Ice Memory Project）在此登場：一座冰做成的地下庫房，在南極洲法義聯合康宏研究站下方的冰雪洞穴中挖建而成。南極洲僅有三個永久基地座落在遠離海岸線的內陸，康宏研究站便是其中之一。此處被認為是世界第一個蒐集歸檔冰河冰的圖書館，該計畫於2016年8月啟動，並透過直昇機轉移了三塊130公尺長的冰蕊（與埃及吉薩大金字塔同高），從法國白朗峰山頂的冰川移到附近格勒諾布爾（Grenoble）的冷凍儲藏設施。

有一塊冰蕊留下用作分析，另外兩塊則搬上船，帶往距離南極僅約1600公里的冰下新家，那裡的平均溫度約在冰凍噬人的攝氏-54度，將能保護這些冰塊留待多年之後的未來解析。目前科學家正從全世界其他融化中的冰河蒐集這類冰蕊，諸如俄羅斯和玻利維亞，此外，德國、奧地利、瑞士、美國、中國、尼泊爾和加拿大等國家也都表達了興趣，想利用康宏的安全儲藏設施。

這個冰凍庫房運作的地方就是保存冰蕊的空間，地下的情況如同南極洲的諸多事物，看起來平淡無奇。雪中鑿了個暫時洞穴，一旦變堅硬後，就會被當成下一個10年的可靠儲藏冷凍庫。

等到冰牆倒塌，就再重新鑿刻一個。這裡的入口既小又散發不祥氛圍，裡頭一片漆黑，環境就如預想那樣嚴寒，而儲藏容器也不過是工業儲物箱。但是在這裡工作的人受到強大的動機驅使，帶著包裝冰蕊樣本的容器，步履蹣跚走過雪上。這個動機就是：期望某一天會有目前還未誕生的全新科技，能更進一步從這些珍貴芯蕊中提取與過去氣候有關的有用數據。

在更新、溫度更高、更反覆無常的氣候伺機而動下，要如何預測、準備並減緩在未來等待我們的最糟情況，這些事物可能至關重要。

南極光在康宏研究站上方天空閃耀。研究站距離南極只有幾千里遠。
←

洛杉磯隧道
Los Angeles Tunnels

帶有濃厚歷史氣息的未來運輸方案

美國

N 34° 00′ 07″

W 118° 19′ 58″

1980年邪典科幻電影《銀翼殺手》（*Blade Runner*）描繪了一幅未來洛杉磯的反烏托邦景象，高樓聳立城市，上層階級市民乘著飛車，在地面高高上方來來往往。這應該不難理解，畢竟在真實世界，洛杉磯基本上日日難逃嚴重的交通阻塞。2019年，也就是電影設定的年代，據估計洛杉磯每個曬得健美的居民平均有103個工時卡在車陣中，將有毒氣體噴進熱呼呼的加州空氣。不時會看見直昇機從下方大道那些因塞車而火氣大的人頭上飛過。不意外，畢竟就像《銀翼殺手》中有錢有權力的角色，這麼做能讓那些口袋特深的人不與其他挫敗的洛杉磯人一起塞在公路上，快快幹活兒去。

終於，有個億萬富翁忍不住了。「我簡直要被交通搞瘋了。」伊隆‧馬斯克（Elon Musk）2016年12月在推特上這麼說，他是製造電動車的公司特斯拉及火箭公司SpaceX的創辦人。「我要打造一座全斷面隧道鑽掘機，然後開始挖挖挖……」這起先可能只是貼在社交媒體上酸溜溜的宣言，不知為何最後演變成一間開業公司。次年，馬斯克宣布他將公司命名為「無聊公司」（The Boring Company，bore也有鑽隧道之意），並會儘速動工，接手他表示要在數個美國大城市（包含拉斯維加斯、芝加哥、巴爾的摩）壅塞街道下挖洞的目標，讓車輛能以時速250公里──約等同跳傘選手朝

北

陽光谷

維杜高山

伯班克

謝爾曼奧克斯

帕薩迪納

北好萊塢

好萊塢山

佛蒙特／日落

蓋蒂中心

比佛利山莊

好萊塢

回音公園／銀湖

道奇體育場

UCLA／西木

洛杉磯

艾迪國王小酒吧

西洛杉磯

南加大／洛杉磯紀念體育場

史坦波中心

東好萊塢

聖塔莫尼卡

威尼斯／碼頭

卡爾弗城

萊默特公園

南門

英格爾伍德

洛杉磯國際機場

洛杉磯體育場　南洛杉磯

康普頓

霍桑

朗代爾

南灣

托倫斯

托倫斯

卡森

長灘機場

羅靈丘陵

隧道（計畫中）

隧道（進行中）

0　　　　　5公里

0　　　　　5英里

地面跳下的速度——暢行無阻、高速奔馳，以避開地面交通。測試與初期展示皆可見到閃閃發光的未來式隧道，有著五顏六色的螢光燈管照明，與時髦的特斯拉車在其中行駛。

馬斯克認為，他宣布在城市地下展開廣大範圍網絡的預定計畫，會於本世紀中期對天使之城產生極大影響。怪的是，這卻有如對該市過往一大重要遺跡的追憶，而且是在一個汽車更少的時代。1925年12月，洛杉磯第一條地鐵線盛大開幕。這是遍布城市的太平洋電車線（Pacific Electric Railway）最後一塊零件，打算複製紐約、波士頓及全世界運行的地下大眾運輸列車網絡。只不過，接下來數十年因公路大量擴張，導致該網絡慢慢終止，同時汽車成為主宰（如今超過80%的洛杉磯旅行都靠私人交通工具）。那些空蕩蕩的混凝土通道中一度有所謂的紅車（Red Cars）來回奔走，上頭載滿成千上萬從好萊塢到格倫代爾各處的通勤者，現在個個坍塌敗壞，髒兮兮蓋滿塗鴉，沒有人愛。

該隧道也在1920-1933年禁酒令時期於洛杉磯扮演關鍵角色。一切都要感謝整整18公里、隱密且無人拿來正當使用的通道，走私者和啤酒巨擘能藉著它，在配置重重警力的街道之下，四面八方地運輸走私酒精，提供非法經營的酒吧高價烈酒，讓顧客夜夜重訪。這些發生犯罪的地點成為傳奇。位於遊民區（Skid Row）中間的愛德華國王飯店，地下室的艾迪國王小酒吧（The King Eddy Saloon）對外堂堂正正表示他們不過是間單純的鋼琴店，卻連接了一條隧道，在飲用酒精飲料可稱重罪的時期提供酒類。其他旅館和有點聲望的設施也想分一杯羹，這些隧道甚至通過法院和其他政府大樓下方（很可能也供應了他們貨物）。這正是支撐某謠言的證據：酒慌時期（各方面而言），非法販賣行為根本直接經過市長辦公室。

當然，非法酒吧和其他應該也不合法的建築從未出現在任何官方紀錄中，也因此沒留下開業及關門的文件線索。這也給了洛杉

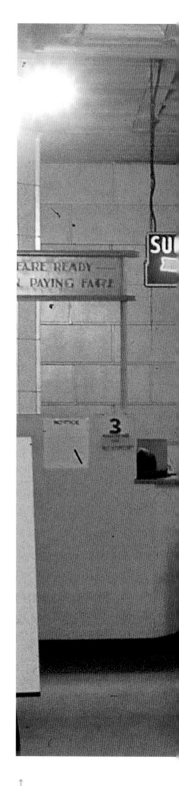

↑
洛杉磯大眾運輸的普及化，因20世紀初期私家用車的增加而暴跌。

磯城市的洞穴愛好者一個動機。他們會定時在空閒時間到處搜索昏暗的地下空間，抱著一線希望，期待能不意遇到遺棄的酒館，數十年來藏於浮華的日落大道下方某處。

如果馬斯克能順心如意，將城市的地下隧道如好萊塢展露的燦笑那樣鑽得優秀又閃亮，將蛀壞的牙換上閃亮新填補，20世紀公路上的喧囂繁忙也許就能往下挪一些。這樣一來，也許這些赤裸磚牆和水泥暴露的衰老地下空間，就能重獲新生。倘若如此，洛杉磯的運輸未來也許不會像《銀翼殺手》設想的世界，科技使通勤者轉往空中，反之，應是轉往深深地下。

根據製造這些未來式新隧道的億萬富翁所說，它們將能緩解洛杉磯的交通阻塞。
↓

赫利舍迪地熱電站
Hellisheidi

為了終結氣候變遷危機的科技

冰島

N 64° 02′ 39″
W 21° 23′ 31″

海中冒出充滿侵略性且高低不平的狂野岩石，形成令人敬而遠之的高牆，起伏的巨浪不斷拍打，那塊石頭有如屍身衝出的肋骨。這裡是冰島的雷克雅內斯半島（Reykjanes Peninsula），為沿大西洋中洋脊（Mid-Atlantic ridge）少數幾個高聳於海浪之上的地方之一。大西洋中洋脊是橫越大西洋的大陸分水嶺，從北極圈一直延伸到到南冰洋。結合了冰島火山群的爆發性力量，這赤裸的地形無怪乎成為作家儒勒·凡爾納在他1864年的小說《地心歷險記》中，將主角送往地底的地方。這個時間點距離這奇特的地底實驗其實不遠——人類說不定能透過這個實驗，拯救自己不被自己害死。

19世紀的工業革命之前，全人類歷史上的地球大氣二氧化碳濃度最高峰約在280 ppm（parts per million，百萬分之一）。可是經過一個半世紀快速暴增的燃燒煤炭、石油、天然氣及其他高密度能量有機燃料量，使二氧化炭濃度攀升。起先穩定，接著接近倍數成長。至2020年，紀錄數字高達417 ppm，並且每年往上1-2 ppm。專家相信，二氧化碳濃度必須回到350 ppm以下，才能避免因二氧化碳被困在大氣中衍生的多餘熱能造成的長期氣候不穩。不幸的是，二氧化碳必須花上幾世紀才能自然分解，所以累

圖例

━━ 二氧化碳管線

○ 垂直注入井

••• 斜置注入井

北

硫固定1
硫化氫注入址

魯加提雅（鬼魂之池）

碳固定2
二氧化碳注入址

斯維那和伯里尼

赫利舍迪
地熱發電廠

天然氣分離廠

赫利舍迪

小雷克費

▲ 514公尺
雷克費

碳固定1
二氧化碳注入址

1公里

0
1/2英里

積的這些氣體成為現代氣候變遷危機的主因，而冰島則是逆轉此情形的計畫之核心。

冰島人已走在前端、領導著低碳未來，他們透過將地熱能轉為主流使用，從地底接起管子，比其他發電方式釋放的二氧化碳大為減少。但在赫利舍迪，亦即冰島最大的地熱發電廠，離首都雷克雅維克以東25公里，嚮往的則是進展更大的實驗性計畫。電廠排放的二氧化碳只有一點點——少於百分之0.5——甚至，這麼少的量從地下冒出後，會被稱為「碳固定」（Carbfix）的設施捕捉。這些氣體不得任意進入大氣，而會用類似製造氣泡飲料的方法打入水中，帶往距離赫利舍迪幾公里外的地方，深深打進地底，約在地表下800公尺處。僅僅兩年中——比起普通得花費數世紀或甚至上千年的自然過程快得驚人——大半二氧化碳礦物化，變成石頭。精確一點說是玄武岩。碳再次回歸大地，而不是進入大氣中搞破壞。

碳固定於2012年開始啟用，並在兩年後變成該發電廠的核心要件。至2018年末，每年將有超過4萬噸二氧化碳被捕捉，並透過該過程埋起。不過，這和全世界第一個嘗試將多餘的碳送下地底的計畫比起來，還算晚的。這個過程叫做碳捕集與封存（carbon capture and storage，CCS），科學家從1970年代就提出，當成能持續燃燒石油、天然氣與煤炭的妙法。可是初期嘗試缺少了讓它們成為能源產業主流的條件，諸如經濟上的動力與相關法規根據的立足點。儘管政府間氣候變化專門委員會（Intergovernmental Panel on Climate Change，IPCC）倡導CCS為緩解氣候變遷最糟景況的關鍵手法，但直至2010年代初期，該技術顯然仍卡在半途，無法前進。

赫利舍迪最大的差別在於，它已發展出進一步能力，不只將碳以氣體方式儲存，更是用固體石頭形式，更不易意外滲漏。如果能大規模成功，這個過程說不定能利用在世界各地的發電廠，只要那

裡和赫利舍迪一樣擁有玄武岩岩床（此外也要有固定水源供應，以進行打氣注入）。位於美國西北的華盛頓和奧勒岡兩州，已開始進行該模式的實驗，同時，印度中部也對這個構想進行探索。透過這種人為的鑽洞行為，人類說不定得以將從工業革命至今各種放肆行徑的證據，（在某種程度上）掃進地毯下方藏起來。假如實驗證明可行，這些惡行的結果說不定真能消失在深深地下。

　　眼不見為淨。

在赫利舍迪進行的實驗，
真的可能將二氧化碳深藏
在地下嗎？
→

↑
位於懷托摩下方的迷宮，點
點詭異光芒洩漏了飢餓發光
蟲的行蹤，它垂下了黏答答
的絲線，捕捉不疑有他的獵
物（參見頁3）。

致謝

　　關於地下世界這個概念，我承認確實有些神祕甚至駭人之處，引發無限想像。我發現，一旦我在日常閒談中提及《地底世界地圖》一書的概念，大家有多麼容易受到吸引。很多人會情不自禁開始大分享自己聽過的一些迷人地下世界，最終有好幾個都被收入書中。因此我十分感激朋友、家人與同事——甚至只有一面之緣的人——自願為本書提供養分：如果沒有你們的貢獻，它可能不會如此豐富精采。

　　和天賦異稟的Matthew Young共事只能說十分愉快，他的設計讓這本書完美到不行；從整體設計，到好看的地圖繪製，甚至在一些明顯更抽象的章節，他也欣然迎接挑戰，持續繪製出精美地圖，令我很榮幸能以文字與其搭配。Shoaib Rokadiya和Lindsay Davies一直是合作愉快的編輯，當我們全力合作、做出一本高品質出版品時，他們表現出極大耐心與創意。此外，誠摯感謝Cathie Arrington不辭辛勞找到所有圖片、談版權。感謝Alex Clarke以及Wildfire團隊的人。另外，我還有一張長長的清單，包含學術界人士、探險家、專家以及貢獻了時間與智慧、確保本書正確度的人。此外，還有許多攝影師發揮才能，幫助這本書在視覺上發光發熱。我向你們致上最大謝意。

　　作為一輩子患有幽閉恐懼症的人，這本書與其說是我個人對窄小且黑暗空間的熱烈致敬，更像一場讚頌，對我們稱之為家、極度迷人的星球裡裡外外竟能找到多樣性如此豐富的地下世界。因此，我感激父母不間斷地給我地理學上的好奇心，不僅對這個企劃，在其他企劃上顯然都相當受用。不管我個人或職業生涯將我帶到哪裡，他們向來只給我支持與鼓勵。我也要對我的姊妹Charlotte致上感謝，她也令我非常驕傲。還有我美好的奶奶，她是我無盡歡樂與靈感的來源。最後是我的伴侶Ana，muito obrigado，謝謝她的愛與不間斷的正向力量，以及在這趟旅程的每一步陪伴著我。Te amo。

延伸閱讀

《地底世界地圖》中的故事由上百本書籍、文章、影片、廣播、網站和資料庫中各項事實及軼事組成。特別感謝《大英百科全書》，以及數不盡的辛勤努力的新聞組織。儘管大多章節是從海量資源中揀選最有意思的細節拼湊而成，倘若沒有關鍵的參考資料，有幾個故事我絕對無法呈現，因此我必須歸功給以下來源：

− Allred, Kevin; Allred, Carlene: 'Development and Morphology of Kazumura Cave, Hawaii', *Journal of Cave and Karst Studies*, August 1997

− Amnesty International/Afrewatch: 'Democratic Republic of Congo: "This is what we die for": Human rights abuses in the Democratic Republic of the Congo power the global trade in cobalt', 19 January 2016, https://www.amnesty.org/en/documents/afr62/3183/2016/en/

− Bisharat, Andrew: 'Epic flood sends cavers scrambling for their lives', *National Geographic,* 18 October 2018, https://www.nationalgeographic.com/adventure/2018/10/flood-escape-deepest-cave-veryovkina-abkhazia/

− Brooks, Darío: 'La Cueva de los Tayos, la legendaria y misteriosa formación de Ecuador que despertó la fascinación del astronauta Neil Armstrong', *BBC Mundo*, 27 November 2017, https://www.bbc.com/mundo/noticias-42104844

− Camille Aguirre, Jessica: 'The Story of the Most Successful Tunnel Escape in the History of the Berlin Wall', *Smithsonian Magazine*, 7 November 2014, https://www.smithsonianmag.com/history/most-successful-tunnel-escape-history-berlin-wall-180953268/

− Doel, Ronald E.; Harper, Kristine C.; Heymann, Matthias: *Exploring Greenland: Cold War Science and Technology on Ice*, Palgrave Macmillan US/Springer Nature, New York, 2016

− Fox-Skelly, Jasmin: 'Once a year, people poison these fish as part of a ritual', *BBC Earth*, 14 April 2016, http://www.bbc.com/earth/story/20160413-the-fish-that-swims-in-toxins-and-gets-poisoned-by-humans

− Frankel, Miriam: 'Religious rite gives evolution a helping hand', *New Scientist*, 14 September 2010, https://www.newscientist.com/article/dn19447-religious-rite-gives-evolution-a-helping-hand/

− Fredrick, James: '500 Years Later, The Spanish Conquest of Mexico Is Still Being Debated', *Weekend Edition Sunday*, NPR, 10 November 2019, https://www.npr.org/2019/11/10/777220132/500-years-later-the-spanish-conquest-of-mexico-is-still-being-debated

− Grove, Thomas: 'Beneath Helsinki, Finns Prepare for Russian Threat', *Wall Street Journal*, 14 July 2017, https://www.wsj.com/articles/beneath-helsinki-finns-prepare-for-russian-threat-1500024602

− Hanbury-Tenison, Robin: *Finding Eden: A Journey into the Heart of Borneo*, I. B. Tauris, Bloomsbury Publishing Plc., London, 2017

− Hansen, James: *First Man: The Life of Neil A. Armstrong*, Simon & Schuster, New York, 2018

− Hennessy, Peter: *The Secret State: Preparing for the Worst 1945–2010*, Penguin, London, 2010

− Jay Deiss, Joseph: *Herculaneum: Italy's Buried Treasure*, Getty Publications, Los Angeles, 1989

− Jenner, Andrew: 'Get Lost in Mega-Tunnels Dug by South American Megafauna', *Discover Magazine*, 28 March 2017, https://www.discovermagazine.com/planet-earth/get-lost-in-mega-tunnels-dug-by-south-american-megafauna

− Last, Alex: 'Vietnam War: The Cu Chi Tunnels', *Witness History*, BBC World Service, 3 January 2017, https://www.bbc.co.uk/programmes/p04kxnbt

− Mace, Fred: 'Account of Discovery of Waitomo

Caves', *King Country Chronicle/Waitomo News,*
Te Kuiti, 1 October 1910, https://paperspast.natlib.
govt.nz/newspapers/KCC19101001.2.4.2

– Mangold, Tom; Penycate, John: *The Tunnels of
Cu Chi: A Remarkable Story of War,* Weidenfeld &
Nicolson, London, 2012

– Marzeion, Ben; Levermann, Anders: 'Loss of cultural
world heritage and currently inhabited places to
sea-level rise', *Environmental Research Letters,* 4 March
2014, DOI: 10.1088/1748-9326/9/3/034001

– Matter, Juerg M et al: 'Rapid carbon mineralization
for permanent disposal of anthropogenic carbon
dioxide emissions', *Science,* 10 June 2016, DOI:
10.1126/science.aad8132

– Neumann, Joachim: 'Experience: I tunnelled under
the Berlin Wall', *Guardian,* 12 July 2019, https://
www.theguardian.com/world/2019/jul/12/experi-
ence-i-tunnelled-under-the-berlin-wall

– Nunez, Christina: 'Q&A: The First-Ever Expedition
to Turkmenistan's "Door to Hell"', *National Geograph-
ic,* 17 July 2014, https://www.nationalgeographic.
com/news/energy/2014/07/140716-door-to-hell-dar-
vaza-crater-george-kourounis-expedition/

– Otman, Waniss; Karlberg, Erling: The Libyan
*Economy: Economic Diversification and International
Repositioning,* Springer-Verlag Berlin Heidelberg,
Berlin, 2007

– Palmer, Jane: 'Why ancient myths about volcanoes are
often true', *BBC Earth,* 18 March 2015, http://www.
bbc.com/earth/story/20150318-why-volcano-myths-
are-true

– Rogers, Paul; McAvoy, Darren: 'Mule deer impede
Pando's recovery: Implications for aspen resilience
from a single-genotype forest', *PLoS ONE,* 17 Octo-
ber 2018, DOI: 10.1371/journal.pone.0203619

– Ruggeri, Amanda: 'The strange, gruesome truth about

plague pits and the Tube', *BBC Autos,* 6 September
2016, http://www.bbc.com/autos/story/
20160906-plague-pits-the-london-underground-and-
crossrail

– Simon, Matt: 'Fantastically Wrong: The Legendary
Scientist Who Swore Our Planet Is Hollow', *WIRED,*
2 July 2014, https://www.wired.com/2014/07/
fantastically-wrong-hollow-earth/

– Songwriter, Jason: 'The sweet spot for building drug
tunnels? It's in San Diego's Otay Mesa neighborhood',
Los Angeles Times, 22 April 2016, https://www.
latimes.com/local/lanow/la-me-ln-drug-tunnel-
20160421-story.html

– Synnott, Mark: 'Is This the Underground Everest?',
National Geographic, March 2017, https://www.
nationalgeographic.com/magazine/2017/03/
dark-star-deepest-cave-climbing-uzbekistan/

– Thurman, Judith: 'First Impressions', *The New Yorker,*
23 June 2008, https://www.newyorker.com/magazine/
2008/06/23/first-impressions

– Votintseva, Antonina et al: 'The Dark Star of
Baisun-tau: A history of cave exploration in Southern
Uzbekistan, 1990–2013', Cave and Karst Science,
Transactions of the British Cave Research Association,
March 2014

– Weisman, Alan: *World Without Us,* Virgin Books,
London, 2008

– Wohlleben, Peter: *The Hidden Life of Trees, What They
Feel, How They Communicate,* William Collins,
London, 2016

↑
埋在地下近2,000年，赫
庫蘭尼姆古城的骨骸終
於被發現，連帶還有和
他們一起埋起來的祕密
（參見頁77）。

圖片來源

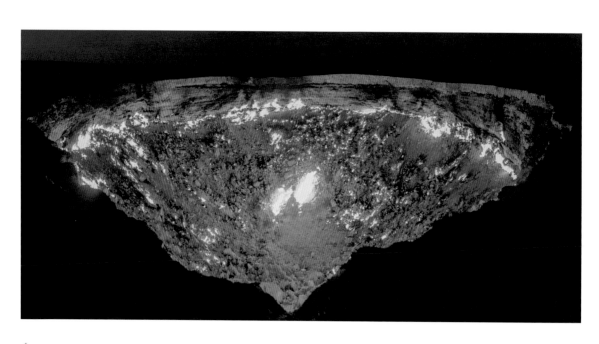

↑
達瓦札熾熱的地獄景象，
讓人一窺喚起無限想像、
令人敬畏的地下國度（參
見頁156）。

地底世界地圖：隕石坑、螢光蟲洞、皇陵、古城、隧道、防空洞、地下鐵、藏寶庫……探訪埋藏人類歷史與記憶的地下殿堂

2022年2月初版
定價：新臺幣580元
有著作權・翻印必究
Printed in Taiwan.

著　　　者	Chris Fitch	
譯　　　者	林	琳
叢書主編	李　佳	姍
校　　　對	施　舜	文
內文排版	朱　智	穎
封面設計	兒	日

出　版　者	聯經出版事業股份有限公司	副總編輯	陳　逸	華
地　　　址	新北市汐止區大同路一段369號1樓	總編輯	涂　豐	恩
叢書主編電話	（02）86925588轉5320	總經理	陳　芝	宇
台北聯經書房	台北市新生南路三段94號	社　長	羅　國	俊
電　　　話	（02）23620308	發行人	林　載	爵
台中分公司	台中市北區崇德路一段198號			
暨門市電話	（04）22312023			
台中電子信箱	e-mail：linking2@ms42.hinet.net			
郵政劃撥帳戶第0100559-3號				
郵撥電話（02）23620308				
印　刷　者	文聯彩色製版印刷有限公司			
總　經　銷	聯合發行股份有限公司			
發　行　所	新北市新店區寶橋路235巷6弄6號2樓			
電　　　話	（02）29178022			

行政院新聞局出版事業登記證局版臺業字第0130號

本書如有缺頁，破損，倒裝請寄回台北聯經書房更換。　　ISBN　978-957-08-6194-5 (平裝)
聯經網址：www.linkingbooks.com.tw
電子信箱：linking@udngroup.com

國家圖書館出版品預行編目資料

地底世界地圖：隕石坑、螢光蟲洞、皇陵、古城、隧道、防空洞、地下鐵、藏寶庫……探訪埋藏人類歷史與記憶的地下殿堂 / Chris Fitch著 . 林琳譯 . 初版 . 新北市 . 聯經 . 2022年2月 . 240面 . 19×26公分

譯自：Subterranea: discovering the earth's extraordinary hidden depths.

ISBN　978-957-08-6194-5（平裝）

1.人文地理　2.世界地理

718.5

111000297